Luis Ricardo Alonso
El Supremísimo

Luis
Ricardo Alonso

El Supremísimo

Ediciones Destino
Colección
Destinolibro
Volumen 119

© Luis Ricardo Alonso
© Ediciones Destino, S. L.
Consejo de Ciento, 425. Barcelona-9
Primera edición: abril 1981
ISBN: 84-233-1106-6
Depósito legal: B. 11821-1981
Impreso por Gráficas Diamante
Zamora, 83. Barcelona-18
Impreso en España — Printed in Spain

1

—Acepto, honrado, el cargo para crear la Patria Nueva. Seré el primer siervo del pueblo.

En el azul, auras tiñosas vuelan en círculos negros, aprestándose a devorar un chivo moribundo; moscas verdes emborrachándose en sangre.

—Constitución o Muerte.

El Supremísimo tiene la mano derecha sobre los Evangelios —encuadernados en oro y nácar— que presenta el señor arzobispo.

Señoras agitan los pechos en coches de caballos, cerrados y abiertos. Hay jinetes de piel blanca, polainas de cuero repujado, espuelas de plata, sombrero alón, caballo árabe criollo que tasca freno de oro; indios a pie y descalzos; niños más o menos en cueros, colgados de la espalda encorvada de la madre por trapos mugrientos que hieden a sudor eterno; negros en camiseta blanca con medalla de la Virgen tocan maracas. Hay indios disfrazados de coraceros de Napoleón Bonaparte, guerrera roja, correaje blanco cruzado al pecho, casco dorado que refleja el sol de Manco Cápac y Mama Ocllo, sable español, caballo criollo, oficial criollo, indio manso. Moscas, mosquitos, y alguna que otra rata sonámbula que corretea por la plaza junto a la inmortal estatua de Pizarro, rociada de guano y palomino, riqueza nacional.

Palacio de los Virreyes, historia, lujo, gloria. Catedral. Ayuntamiento. Cárcel. Completan las cuatro esquinas de la plaza blanca. Al fondo, cerros y colinas. Chozas miserables trepan hacia las nubes. Hay un coro de indios que estrenan zapatos por primera vez en la familia; educados en las escuelas del Sagrado Corazón entonan, orgullosos, el himno nacional.

Hay vivas al Supremísimo y mueras a los chapetones, derrotados pocos años ha.

—¡Constitución o Muerte!
—¡Viva la Independencia!
—¡Mueran los chapetones!
—¡Viva la Libertad!
—¡Muera el rey Narizotas!
—¡Viva el Supremísimo!
—¡Viva la Patria!
—¡Viva la Pepa!

Un coracero del regimiento Inca Bonaparte descarga la hoja plana del sable de Toledo sobre el hombro del chapetón don Matías Meiras, honrado propietario de la taberna y licorería en general «El faro de Vigo», a quien se atribuye el último grito. Referencia poco patriótica y bastante grosera a la Primera Querida de la Nación, doña Josefa Encarnación del Pozo, frondosa mulata de pechos exuberantes y caderas nacionales. Doña Josefa observa con discreción la ceremonia, protegida por el balcón de celosía y enrejado de cedro y un par de coraceros.

Una india envejecida, cara de tierra parda sin lluvia, ojos de estatua, sombrero hongo negro, extrae con infinita paciencia de la cabeza enmarañada de un niño como de tres años algunos piojos, que deposita, con maternal ternura, junto al pedestal de piedra, estatua de Pizarro con bragas y tizona.

¡Ya viene el cortejo! ¡Ya viene el cortejo! ¡Ya se

oyen los claros clarines! Latines. Yaravíes. Huainito de la Constitución. ¡La Pachanga!

La comitiva de grandes de la Patria, precedida por el Supremísimo, penetra, a paso de dignidad, en la Catedral. Te Deum Laudamus.

La Pepa penetra en la sala, agitando sobre las caderas los flecos pizpiretos del mantón de Manila, maldiciendo con los ojos y con un pequeño dedo de azabache y coral, a la Primera Dama que, del brazo del Supremísimo, preside, mantilla, peineta y *toile* de París, blanco seno descotado frente a la nariz de Su Ilustrísima, la ceremonia.

El ministro de Justicia aprovechó el latín del tedéum, que afortunadamente no entendía, para redactar mentalmente, con sus por cuantos, resultandos y considedarandos, el nuevo decreto de deslinde. De pura hambre se tragó la tierra de trescientas dieciséis comunidades indígenas, si bien dejó a los indios el trabajo. También la lluvia, el sol y algunos burros. El ministro, doctor Arquímedes Maquiavelo y Campo Hermoso, caballero de la Orden del Cóndor, Gran Cruz de la Orden de Malta, Legión de Honor, Gran Cruz del Indio, hizo genuflexión, humilde rodilla sobre terciopelo rojo, agradeciendo al Señor la tierra prometida.

Termina la ceremonia: —Loamos al Todopoderoso por la nueva libertad de que goza la Patria, el renacer de las esperanzas de un pueblo y la dirección máxima del Supremísimo—. Se desmayan una señora, abanico plumas de ñandú, y un ministro. Un general con entorchados de acomodador, y hambre de tres meses de guerra civil sin paga, se lleva el pañuelo a los ojos y la mano al bolsillo. Atiende al ministro desmayado, un doctor en algo, con frac de funerario.

En la Plaza de Pizarro, quechuas en poncho, chullo

y sandalias, recién bajados de la Sierra, venden entre los festejantes anticuchos, humitas, conchitas, sebiche de corvina, papa a la huancaina, un reloj de oro cartereado al ministro de Educación y Cultura.

En la plaza, la multitud vitorea enronquecida al Supremísimo que alza los brazos al aire en gesto de dejad que el pueblo venga a mí. La madre india ha terminado su trabajo y coloca, satisfecha, el último piojo en las frondosas, rizadas, varoniles, conquistadoras barbas de la estatua de don Francisco de Pizarro.

En la calle aguarda el coche histórico que aliviara al virrey y sus amigas, maderas del Marañón, madreperla de Filipinas, herrajes de oro del Potosí, caballos árabes, cochero indio disfrazado de lord inglés. El Supremísimo, por primera vez, coloca, oficialmente, el posterior sobre el terciopelo suave. Negro, con flecos de oro. Hace adiós con las dos manos. La multitud se abalanza sobre el coche como manada de pecaríes huyendo de vendaval.

Se interponen, sable en alto, los coraceros de Bonaparte. Hay una mirada de sapo atrapado por tortuga, en los ojos supremos. Ha durado un solo instante de noche triste; ahora sonríe, halagado:

—Déjenlos, es el pueblo. Que vengan a mí.

Desenganchan los caballos, se enganchan los arneses en los hombros, espasmo de satisfacción culminando en éxtasis espermático. Feliz, aullante, arañando al vecino, tira la multitud del coche. Cohetes y voladores. Uno de los caballos desenganchados no puede contener la emoción. Alza la cola y salpica, de amarillo oscuro, con manchas negras, densidad pastosa, el frac del presidente de la Corte Suprema de Justicia.

Fusilaron al caballo por delito contra la Seguridad del Estado.

2

Despacho del Supremísimo. Muebles que fueron del último virrey: un viejo de decretos hinchados y espada mellada, que huyó para la Península con ciento treinta y ocho baúles, dos mujeres y seis caleseros negros. A la entrada: un coracero de Bonaparte. Casco color de oro, actitud de atención, talones unidos, punta de los pies ligeramente vuelta hacia afuera, besa, rígido, el sable que aplasta la nariz. El consolador bolo de coca le hincha la mejilla derecha.

El ministro de Hacienda y Fomento, doctor Sempronio Huaco, atraviesa el vestíbulo hacia el despacho presidencial con paso de comadrita que va a pedir a la vecina diez centavos de café molido hasta mañana.

El coracero golpea, reglamentariamente, los talones. Hace dos meses que comenzó a usar zapatos y le duelen horriblemente los pies. Unos zapatos con polaina que el doctor Huaco adquirió en París —en misión especial— para que los soldados de la guardia fueran envidia de los países vecinos, más ignorantes de la cultura francesa. Por las noches, mientras duerme el Supremísimo, el coracero guarda los zapatos y se quita el casco de dorados reflejos que ha aprendido a utilizar, cuando sopla el viento frígido de los Andes, como tibor nocturno.

El doctor Huaco hace un noble esfuerzo por dar a su faz la expresión de optimismo que es de uso obligatorio en el gabinete del Supremísimo desde el anuncio del nuevo plan de gobierno y desarrollo. La verdad es que el ministro de Hacienda y Fomento ha tenido, hoy, un día malo. Le han robado la cartera con el sueldo del mes y una leontina de oro, recuerdo de su bisabuelo. No sabe si fue en la barbería o en el Consejo de Ministros.

El doctor Huaco repta burocrático hacia la puerta. Vacila, se pone nervioso, da un paso atrás. Ha olvidado algo. Se coloca frente a la coraza napoleónica y, contemplándose en el dorado, se arregla el lacito del frac y la peluca de París. Es un viejito coqueto, algo giboso, de piel que recuerda las momias incaicas, tan bien preservadas por la sequedad del aire. Toca respetuoso. Escucha: —Pasa, viejo tarado—. El doctor Huaco entra, agradecido. Hacía muchos años que su alma había legalizado el concubinato con el miedo. Y se llevaban bien.

Los rizos negros del bisoñé saludan inclinados, acariciando el ombligo en gesto a lo Sansón. El Supremísimo le indica un asiento, espaldar de vicuña, brazos de cedro en polvo de oro, terciopelo rojo importado, que por medio siglo aposentó dignamente el descansado posterior de los secretarios de tres virreyes y dos presidentes republicanos.

El ministro de Hacienda y Fomento abrió un impresionante cartapacio que daba la impresión de obra laboriosa aunque ajena. Trabajar, lo que se llama trabajar, el doctor Huaco no parecía trabajar mucho en su ministerio. A menos que fuera de incógnito.

—La Patria merece lo mejor —dijo señalando, con satisfacción, conclusiones, sudadas por el lumpen burocrático, a sueldo de café con leche, que constituía la espina dorsal de la administración pública.

—La Patria ha de entrar, y yo el primero, en la senda del progreso, aunque nos cueste otro millón. De indios.

—Por el dinero no hay que preocuparse, Supremísimo. Lo han prometido los banqueros ingleses.

—Mucho más prácticos que los españoles. Aquellos conquistadores serían muy bragados pero, a la hora de las utilidades, terminaban en suspensión de pagos. Si es que no en la sopa de conventos.

—Como dice el discurso que estoy redactando para ser recibido, académico de número, en la Academia de la Historia, los españoles nunca supieron ir más allá de romperles a los indios los ídolos de barro y robarles los que eran de oro.

—Así no se puede hacer Patria.

—Ahora será distinto. Ferrocarriles, puertos, irrigación, agricultura científica, fertilizantes.

El Supremísimo contempló al ministro con reconocimiento, casi con ternura. A pesar de los vapuleos verbales a que lo sometía no más que para hacer sentir el peso de la autoridad, apreciaba al doctor Huaco, de todo corazón. Obligábalo a ello la manifiesta dedicación y servicio ciudadano del ministro, que incluía el haber hecho, recientemente, con motivo de las fiestas patrias, una emisión —artísticamente litografiada con retratos de los próceres— de billetes de banco, por partida doble: una para la hacienda pública y otra para los ahorros del Supremísimo.

—Trescientos años llevamos abonando los campos de la Patria con mera mierda de burro y llama —aseguró el Presidente.

Ya ha zarpado de Londres el enviado de la City.

—¡Civilización contra barbarie!

—Hay que impresionar al progreso. Que recojan los mendigos de las calles después de las doce del día. Que los indios vistan calzones. Que se exija a las putas certificado de garantía.

El licenciado Estanislao de Villa Vicencio y de Alcántara, secretario de la Presidencia y del Consejo de Ministros, toma notas pendiente de la saliva Supremísima. Villa Vicencio es conocido entre los que lo quieren mal —que son los más— como el Licenciado por la Soborna. Su padre, acaudalado gamonal, compró al tribunal de examen, que cobraba el flaco sueldo con atraso crónico.

—Sabrá ahora el mundo por qué nuestro pueblo ha roto, por vez segunda y definitiva, las cadenas. Por qué la paloma de la libertad se ha posado en la estatua de Pizarro, tinta en sangre de cóndores. A propósito, secretario, ¿qué se sabe del tirano caído?

—Huyó para Nueva Orleans con la Pepa y las sábanas. Fue lo único que pudo llevarse.

—¿Y qué hace en Nueva Orleans la Pepa? —Se extasió contemplando el voluminoso diccionario inglés-español, encuadernado en piel de vaca, que le recordaba a la dama por sus exageradas dimensiones—. Ella no sabe inglés.

—Ni falta que le hace. Ha puesto una casa de putas. Aquí el secretario del Consejo de Ministros hizo con los dedos un gesto poco delicado.

—¡Qué ultraje, la Primera Dama de la República! Y en el barrio francés seguramente. —Contempló, semblante grave, el globo terráqueo de madera que adornaba el escritorio en pedestal de plata, Inglaterra y Francia coloreaban el mundo de rojo y azul—. ¡Qué dirán las potencias! ¡Primera Dama!

—La Segunda, mi General, que el tirano caído nunca se divorció de su mujer.

—Hombre, no faltaría más: somos un país católico —el Supremísimo hizo la señal de la cruz—. Lo que necesitamos con urgencia es la locomotora y el *water closet*. Mientras sigamos a burro y excusado, no hay Patria.

—El indio, el negro y el gallego, mi General. Somos un pueblo de holgazanes, rumberos y pícaros.

El Supremísimo se asoma a la ventana, contempla la plaza y suspira: —Hay que crear al hombre nuevo.

3

Lord John T. Fry, O.B.E., caballero de la Orden del Imperio Británico, representante plenipotenciario de la banca de la City, presidente por sucesión reglamentaria de la Junta de Directores de *La Coleta de Oro,* compañía importadora de biblias, telas y opio en el Celeste Imperio, director del coro dominical de la parroquia de Chatham, pone el pie en la escala de madera y lona que lo desembarcará en el Nuevo Mundo.

La banda de música del regimiento de coraceros, uniforme rojo sangre de toro, ataca los primeros acordes de *God Save the Queen.* Lord John se ajusta ostensiblemente el monóculo y, disimuladamente, los calzoncillos, resbalados de viaje y sudor. El doctor Huaco, a nombre de las autoridades, respetable público y pueblo en general, da la bienvenida en correcto inglés.

Aplausos. Charangas. Voladores. La multitud se encoca en consignas patrióticas. Vivas a los dos monarcas:

—Supremísimo y Victoria: de aquí a la gloria.

—Victoria y Supremo: juntos venceremo'.

Una hermosa cholita, vestida de primera comunión, entrega al lord un ramo de flores con una avispa. Hay cierta confusión entre las masas cuando el emisario londinense, en esfuerzo por evitar el aguijón nativo, arroja al mar el hermoso ramo de rosas.

El doctor Huaco hace, cortésmente, una seña: Un negro estibador se tira al océano, bucea, reaparece, blanca sonrisa de júbilo, con un ramo de rosas blancas en la mano. Lord Fry da las gracias, algo embarazado.

El ministro de Hacienda y Fomento señala, satisfecho, al negro mientras dice al emisario de la prosperidad: —Garantía de progreso es la calidad de nuestra mano de obra, altamente disciplinada.

Lord John T. Fry, O.B.E., entra en la habitación 148 del Hotel Libertador, reservada por el régimen para los H.P. (Huéspedes Prominentes).

Los tres cholos con marcas de viruela y cara de una comida diaria, a base de verduras, depositan las maletas. Lord Fry los despide con un gesto señorial y una propina cicatera. El hambre hace una reverencia, casi genuflexión, de frente al suelo, para que el lord no crea que estamos enrabiaos por la tacañería, ¿a ti qué te dio?, a mí ná, eso es para todos, que no, que sí; no nos reporte al jefecito, gracias milor, se dice sinquiu para otra vez, sinquiu su madre.

Habitación lujosa pero huachafa. Muebles dorados en terciopelo verde con manchas rojas, espejos coloniales de madera labrada, muebles importados de París, alfombras de lana de vicuña, una cabeza de cocodrilo adorna la sobrecama. Lord Fry la retira, con cierto temor.

En las paredes, láminas de próceres en marco de plata y expresiones de coco de niño de buena familia: Bolívar, Alejandro, César; el Supremísimo en marco de oro, tamaño sobrenatural. Litografía descolorida de la Reina Victoria —velo, corona, cetro, banda del imperio— un poco chica para el marco que hasta la llegada de Lord Fry, había contenido la efigie de Napoleón y caballo blanco en Austerlitz.

Lord Fry, magnate ejecutivo, invertía su alma en planes de desarrollo económico. Que, generalmente, desarrollaban su fortuna y mutilaban la del país a desarrollar. También era filántropo y mantenía, de su peculio particular, un asilo para idiotas.

Calor, cansancio, qué pelma el ministro de Hacienda, se quiere hacer el culto, tenía puesta la corbata de graduado de Oxford, yo digo para decir algo: ¡ah!, señor ministro, ¡es usted graduado de Oxford!, no, es que en mi viaje a Europa vi la corbata en *Harrod's,* me gustó el color, la compré, mi mujer está encantada dice que me sienta muy bien al cutis, y ya ve usted sólo la suelto para dormir. Primera vez que un lord inglés siente ganas de ahorcar a alguien con una corbata de Oxford, me mordí los labios, en fin empréstito, inversiones, diez millones. Lo que importa es que paguen intereses, no que se civilicen, eso es asunto de ellos.

El asunto mío son las garantías. ¿Qué puede dar este país en garantías? La siesta. Y los indios. ¿Pero qué vale un indio que ni produce ni consume? Nunca han visto un chelín en su vida. Y ni siquiera fuman opio como los chinos. Y no es que yo quiera que los chinos fumen opio, eso no sería cristiano, pero, si van a fumar, lo correcto es que nos lo compren a nosotros. Aquí no existe la esperanza, estos indios mascan coca que cultivan dondequiera, en el patio me parece; comprar algo, no compran ni a Sansón, así no puede haber comercio y donde no hay comercio no hay progreso. ¡Ay, qué país más rico si tuviera otros habitantes! Irlandeses, aunque fuera.

Hasta ahora el cipayo local, Mr. Huaco, no parecía gran cosa. El negro sí, aguantaba una barbaridad sin respirar. ¡Si se pudiera patentar el sistema!, un equipo de negros buzos alquilados a bajo precio para la busca de tesoros marinos; el seguro barato, dicen que los tiburones no comen negro. Pero el Huaco sí que no vale nada: un cagatintas local disfrazado de notario francés. Nada como el mandarín Ka-Huang-Ti. Un verdadero *gentleman*. Coleccionador de fina porcelana. El mejor tesoro de jarrones de la dinastía Ming que hallarse puede en el Celeste Imperio. Huevos de pato de medio siglo de existencia conservados en múcuras de barro. Ochenta y tres chinos vendedores de opio decapitados una mañana en la plaza pública de Cantón. Dieciséis mil espectadores adultos, sin contar los niños, vieron rodar las cabezas. Al finalizar el espectáculo, Ka-Huang-Ti, en persona, repartió a los infantes, galleticas de la suerte, todas con buena fortuna. Las cabezas de los malhechores estuvieron expuestas tres días en picas. Gran sistema de combatir la criminalidad. Subida inmediata de los precios del bendito narcótico. Seiscientos por ciento de utilidad, con un cuarenta de comisión al mandarín Ka-Huang-Ti. Procedimiento muy innovativo de eliminar la competencia local, y al mismo tiempo garantizar al consumidor un producto de calidad, sin adulteraciones. La comisión depositada, discretamente, en una cuenta de Calcuta. bajo la bandera del imperio, para evitarle al mandarín malentendidos con sus compatriotas. En este país de quechua y español, no había encontrado nada como Ka-Huang-Ti, pero estaba seguro de que lo hallaría. El tesón hace el éxito, decía el horóscopo para este fin de semana. Hermoso el mundo que ofrecía tantas oportunidades al inversionista de talento.

Lord Fry pide whisky. Le sirven pisco. Se dará un baño para disipar el disgusto. Mientras se desnuda, advierte una litografía del Supremísimo, ojos de cóndor en celo, que lo inspeccionan desde lo alto del lavabo. Lord Fry, victoriano, se cubre los genitales con la esponja.

Frente al hotel, la orquesta municipal *Ritmos del Marañón,* interpreta, a todo cobre: *Rule Britannia, Britannia, Rule the Waves.*

4

A cuatro mil trescientos metros de altura los blancos no suben. Y si suben, no tienen qué sembrar. Y si siembran no pueden respirar. Los indios de Huallantay son libres, hasta donde se puede ser libre en este mundo. A finales del siglo XVII subió el último blanco puro: Antonio Baeza, un cura párroco que embarcó en Sevilla, rehusó empleo junto al virrey y trepó al pueblo perdido de la Sierra, que, según la opinión más autorizada, no existía. Enseñó a los indios a trabajar el cuero y a rezar en español con acento andaluz; trajo las primeras cabras que se murieron de mal de altura; trajo otras que se quedaron y de ellas descienden las cabras de Huallantay, las más sanas de la Sierra. En la cueva, junto al pueblo, guardaban los ancianos unos cántaros de barro. En cada cara del cántaro había un sol esculpido: sol con cara de hombre que sonreía; sol con cara de hombre y mueca de dolor divino. Los días felices rezaban los indios al sol triste para que se quedara allá en lo alto en el cielo. Los días tristes rezaban al sol alegre para que bajara a compartir.

Una mañana, el padre Baeza se golpeó una hora con el cilicio, ante el estupor de los indios; tomó el garrote y en medio del baile de los cóndores, rompió el sol alegre y el sol triste. «Para siempre dejaréis de adorar a estos ídolos del diablo.» En la cueva colocó una cruz de bronce importada de la Península. Dios alegre en suplicio triste, la llamaron los indios.

El padre Baeza vivió muchos años en Huallantay, curaba a los enfermos como podía, enseñaba a los quechuas, no perseguía a sus mujeres cuando iban tras las cabras, comía papas preservadas por años en nieve de los Andes, quinoa y queso de cabra, decía misa todos los días de verano en la cueva de los soles; en invierno, en la iglesia de piedra y barro. Cuando murió, los indios hicieron un cántaro triste y alegre con su retrato. Y lo colocaron junto a la cruz. Años más tarde, alguien labró otro cántaro de sol. Y allá están los tres juntos. Al atardecer van a rezarles los pastores, las cabras y las llamas.

Un día los indios se enteraron de que allá en la capital había un nuevo rey que se llamaba Señor Presidente. Y vestía de frac con condecoraciones. Y decía que era el primer siervo del pueblo. Comentó Andrés Collacanqui, curaca de Huallantay: ¡Las cosas que tienen los blancos!

Lord John Fry mata el tiempo mientras espera la bendición del Supremísimo. Estos *latins* se dan importancia, la herencia española. Lord Fry también se la da, rehúsa, sonriente, seguir discutiendo el empréstito con el doctor Huaco.

El mandarinato oriental aquí no funciona. Hay un solo Gran Mandarín; y los demás, alabarderos de sus palabras. Si no llego al Supremísimo, no hay negocio. El doctor Huaco es, en la posibilidad más optimista, su papel sellado e higiénico.

Me explico por qué es fama que en este país ni los burros marchan. Todo está pendiente de lo que va a decir el Supremísimo. Y con tantos asuntos que iluminar, el Supremísimo a veces no dice nada. No es exagerada la anécdota que se relata entre la colonia europea, que hace nobles esfuerzos por mantener en este medio su salud mental. El doctor Wilhem von Jeinecke, el eminente ginecólogo, catedrático visitante de la universidad de Munich, feliz partero de las reinas de Baviera y Prusia, fue condenado a nueve meses por realizar una cesárea sin haber consultado con el Supremísimo.

Por las mañanas, Lord Fry visita a algunos *natives* que han estado en Londres, comerciantes, gamonales, banqueros de la banca enana local. Por las tardes, Lord Fry pasea para mantenerse en forma, por el puerto, en compañía de Pietro Balino, almacenista importador de licores y víveres finos en general, que desde el nacimiento de la Patria Nueva abastece al Cuerpo Diplomático y a ciertos contrabandistas disfrazados de embajadores.

Lord Fry ha conocido a un pintor que dice haber estado en Londres; al menos habla el inglés con acento *cockney*, lo que provoca su empelucada desconfianza. El pintor vuelve y vuelve. A Lord Fry el arte que le interesa es el de hacer dinero. Al menos pinta bien el cholito. Compra un cuadro. Se lo revenderé a Lord Norfolk en Londres, que además de católico es un esteta. El cuadro representa a la Virgen, que está mal vista en los países anglicanos. Mentalmente calcula la ganancia que puede dejarle Nuestra Señora del Rosario. Cuatrocientos por ciento, tal vez quinientos. Lord Norfolk es testarudo, como se encapriche con el cuadro puedo sacarle varias veces lo que pienso. Lord Fry paga. El pintor da las gracias. *You are very welcome*, contesta. Después de todo es lógico que un pintor cholo —acalla Fry la conciencia— trabaje la mitad de barato que uno blanco. Más de cincuenta por ciento de blanco no tiene.

Manuel Fernández Quispe pinta lo que puede. Cuando puede. Si puede. Pagar, le pagan poco. Si pagan. Para mantenerse trabaja de estibador en el puerto. Hace años visitó Londres, de marinero en un barco de vela que hacía agua. Se quedó cuatro meses trabajando en lo que cayera. Le gustaron la ciudad y el pueblo pero sintió nostalgia de la patria y regresó. Tuvo suerte: si no puede pintar mucho, al menos puede comer trabajando de estibador.

Ayer embarcó sacos de azúcar, hojas de coca, momias incaicas que Lord Fry, de contrabando, sobornadamente tolerado, envía al Museo Británico con la bendición del doctor Huaco. Hay que mantener al gringo *happy,* dijo el ministro, que haya una momia menos ¡qué importa al mundo!

Quispe ha viajado y estudiado como nadie en su pueblo. Es de Huallantay, el nido agreste de los cántaros del Sol. En Philadelphia fue mozo de cuerda, cochero las noches de teatro, y pintor de señales de tráfico en las calles, puesto que le consiguió por influencia, según dijo, un concejal de origen hispano. En New York se ganaba la muerte pintando edificios de oficinas (las paredes) y los inodoros de la estación de ferrocarril. Luego mejoró de sueldo: Comenzó a trabajar en un matadero de cerdos que se transformaban, sin desperdiciar una pezuña, en perros calientes. De alto valor nutritivo, según rezaba el anuncio, y sumamente fácil de digerir: El alimento ideal para su niño. El sueldo no le alcanzaba para otra carne que los productos de su fábrica. Desde entonces se hizo vegetariano.

Un día regresó a su patria con ciento diez dólares ahorrados. Vivió de ellos diez meses —pasando un poco de hambre, ésa es la verdad— y pintó lo que le dio la gana.

Autodidacta, tenía una educación anárquica y desigual: no entendía la raíz cuadrada pero sí los filósofos griegos.

Quispe no sabe lo que embarca, sí sabe que los riñones le duelen —huacales del diablo, cómo pesaban—; tiene el sueldo de tres semanas que acaba de cobrar, gracias a las momias de sus antepasados puede pintar cuatro semanas sin preocuparse del maíz nuestro de cada día Quispe no sabe si lo que pinta vale para algo, sólo que tiene que pintar como poseído para quitarse el olor a sudor y mierda del puerto. Vive en un cuchitril, palacio de bondadosos encomenderos del siglo XVI, hoy casa de vecindad y ratonera de cholos, mulatos y blancos sucios. Planta baja, primer piso, buhardilla; el pintor quería la buhardilla, con dos ventanitas al mar, claraboya y luz de nuestro padre el Sol, pero salía cara. El dueño la alquiló a la Flor de la Canela, muy bien relacionada en los círculos marítimos y propietaria de caderas cimbreantes en pleno desarrollo económico.

Es la aurora y Quispe, por su ventana de cristal roto y comején, observa las gaviotas torturando en picada a las sardinas. Pasa largas horas en, al parecer, holgazana e inútil contemplación; al menos eso cuentan los vecinos. De pronto toma el pincel y pinta locamente en borrachera sin alcohol. Cuando no puede más se acuesta y al día siguiente va al puerto a mendigar cargas. Le han dicho que así se le van a estropear las manos y un día no podrá manejar bien el pincel. Pintaré con los pies entonces.

En lo que le pagó hoy el inglés, Quispe no quiere ni pensar. Lo mandó todo a Huallantay; de donde, un invierno de hambre, bajó en mala hora. Si siguen viniendo muchos ingleses y pagando tan bien se podrá retirar de mozo de carga, ganapán y cochero ocasional, en cuatro o cinco años, y volver a Huallantay para siempre. A pintar todos los días como los curas dicen misa. Después de todo la vida no es tan mala. Aunque lo parezca.

Mira al mar, verde tormenta, cielo plomo sucio, viento frío escapándose de la puna; en la calle, un indio enfermo vende sebiche de camarones, los mismos camarones por seis días; las gaviotas cantan el catecismo del Supremísimo triturando sardinas en las garras; un policía cobra el barato de un vendedor ambulante sin licencia, sin clientes, sin desayuno; una vieja ciega de viruelas pide limosna cantando yaravíes.

Una indita de ojos redondos, come mazamorra morada que robó a las cucarachas en el latón de basura.

Fernández Quispe trata de recogerlo todo en el lienzo —generoso regalo de Lord Fry, ayer en el Hotel Libertador— y no puede o cree no poder. Los bocetos le parecen buenos pero no tan buenos como quiere. Nadie podrá entender lo que es la vida moribunda, mirándolos solamente, y lo que yo quiero pintar es la vida moribunda. Tal vez si la pinto siempre, la vida resucite.

Toma una brocha, dibuja, febril, el odio y el amor en lecho de absurdo, trata de colocar en alguna parte un poco de esperanza, un rayito de sol mentiroso, pero no hay. Malo, malo, malo; abre la ventana y escupe. Alguien maldice desde la calle:

—*What a dirty country! No manners or morals.*
—¡Santa Madonna!

Fernández Quispe no escuchaba palabras extrañas. Lo echó todo a un lado, tomó un lienzo limpio, comenzó a pintar un sol triste —sol alegre—. Quisiera ser un pincel en la mano de Dios. Y contemplar el nombre de Dios.

5

El Supremísimo no nació Supremísimo, tampoco los santos nacen santos ni las putas nacen putas. Comenzó su carrera política luchando contra el Supremísimo. No le acompañó la suerte, pese a que siempre llevó —cosida en la camiseta por su abuela, la caritativa dama doña Visitación Prado de Vidaurreta de Campomanes— una oración de san Judas. Fue uno de los tres mil doscientos rebeldes que cayeran prisioneros en los llanos de Huacarimac. El Supremísimo deliberó consigo mismo, y transmitió al general De las Planas, las instrucciones del Gobierno: —Que los truenen a todos.

Afortunadamente el prisionero había sido en su adolescencia, cliente de la Pepa, la cual gozaba de reputación de lealtad en sus operaciones mercantiles. —Es un pobre joven descarriado, cariñito —meloseó la Pepa al Supremísimo en quejido preorgásmico.

—¿Por qué número van, general De las Planas? —preguntó esa madrugada, el Supremísimo, un tanto agotado.

—Por el dos mil setenta y dos.

—¿Sabe con qué número fue agraciado el nieto de doña Visitación de Campomanes?

El afortunado joven tenía el dos mil setenta y cuatro.

—El Gobierno Revolucionario es generoso y ha acordado perdonar a esos chingones. Esta madrugada lo acordó, por unanimidad, el Consejo de Ministros.

Del perdón pasó a ser colaborador de menor cuantía; robot de confianza, después, del tirano caído. Trepó a la dirección de *El Eco del Pueblo,* órgano al servicio de la

Patria y la ciudadanía. Sus editoriales adquirieron carácter antológico en casi toda la América que reza a Jesucristo y habla en español:

Un Hombre para un Pueblo

Comentario editorial de nuestro director, que reproducimos a petición de la Liga de Cívicos.

Hay momentos excepcionales en el curso de la Historia en que el destino de millones de seres, depende del Ser Máximo. De ese personaje que creíamos pertenecer a una especie extinguida, la de los héroes de la *Ilíada, Eneida,* nuestro *Popol Vuh.* Son Conductores de la Historia tras los cuales el pueblo en armas cruza los Alpes y el mar Rojo. Feliz la patria que cuenta entre sus hijos a —————— (nombrecito para colorear en los distintos países hermanos).

La estrella del Supremísimo y doña Pepa guió al pueblo en el desierto por la gloriosa jornada de veinte años y doce días. Bien es verdad que hubo alguna que otra guerrita civil y, hasta en más de una ocasión, disfrutó la República de tres presidentes firmando billetes de banco y pagarés al mismo tiempo. El director de *El Eco del Pueblo* se mantuvo fiel a sus principios: siempre pedía la pena de muerte para los presidentes de llegaipón, una vez restablecido el imperio de la ley.

Al cumplirse el Vigésimo Aniversario de la Revolución Suprema, hubo gran parada militar, tres días de fiesta para el pueblo. Al finalizar, el Supremísimo hizo una apuesta con el estado mayor, a ver quién era más macho tragando aguardiente. Al tercer día había dos generales muertos, siete en estado de coma y tres docenas escalando, en paños menores, la fachada de Palacio.

En el norte, el general Sánchez Torralba, conocido como *el Tigre del Desierto,* se pronunció al grito de: —¡Muera la Pepa! —El ambicioso general tuvo hasta la osadía de revelar, en manifiesto-programa a la opinión pública de nuestra patria, en forma gráfica y soez, las preferencias eróticas de la señora.

En el centro, el general López Montalvo, miembro abstemio del estado mayor, proclamó su fidelidad a la Constitución y las Leyes.

En el sur, estaba el director de *El Eco del Pueblo,* general de milicias, héroe de la Victoria de Chuquimay e intérprete de las emociones públicas. El pronunciamiento lo había encontrado en su región natal, donde presidía los festejos del Vigésimo Aniversario. Despachó chasquis a cuarteles de confianza, reunió gamonales, clero, oficiales regulares, oficiales de milicias, catedráticos, médicos, abogados, veterinarios y dentistas, boticarios y otras notabilidades. Preguntó, escuchó, se retiró a sus meditaciones. A la media hora, desde el balcón del ayuntamiento de San Pedro de los Cobres, leyó a la opinión pública la proclama libertadora, donde denunciaba el régimen de oprobio y escándalo que ha venido tiranizando el alma ciudadana, pronunciándose al grito patriótico de: —¡Progreso o Muerte!

Los chasquis le habían informado de que en las filas del general López Montalvo sólo quedaban trescientos sobrios. Y que en el Palacio de Gobierno, el Supremísimo aún no había recobrado el sentido, pese a las friegas de alcohol y albahaca que le había propinado la Pepa. El héroe de Chuquimay marchó al frente de una montonera de dos mil quinientos hombres. Tomar la capital antes que ese analfabeto de Sánchez Torralba; el prestigio internacional del país estaba en juego.

O los chasquis lo habían chasqueado, o los borrachos tenían reservas secretas de amoníaco; sobre este particular están divididos los historiadores. Lo cierto es que a la primera acometida, las fuerzas de López Montalvo hicieron de la tercera parte de los cobreros —llamados así cuando no algo peor— carne de caimanes.

Montalvo era militar de prestigio, veterano de la guerra de independencia y uno de los pocos generales que, en la República, no había sido acusado de robar materiales de construcción y ranchos de la tropa. En la guerra de independencia había sido compañero de armas del padre del director de *El Eco*. Ofreció a éste una conciliación honrosa:

—Dice el general Montalvo que aquí no hay nada que no pueda arreglarse entre caballeros. Que sabe que usted recibió informaciones malintencionadas sobre la beodez integral de las fuerzas armadas de la República. Que hay que impedir que la Patria caiga bajo ese antropoide uniformado de Sánchez Torralba; que hasta firma con una equis que le tiene que escribir su secretario. Que el Supremísimo ratificará el acuerdo en cuanto se recobre del cólico nefrítico que lo tiene guardando cama desde las festividades patrias.

El pueblo se había preguntado por años: «¿por qué el general López Montalvo, tan persona decente, es tan fiel a este animal Supremísimo?».

El director de *El Eco* y héroe de Chuquimay, avanzó, espada inclinada al suelo, al frente de su tropa. En la plaza de la Catedral, lo esperaba, barba blanca, sonrisa generosa, mano extendida, el general López Montalvo.

Tañían, jubilosas, las campanas de la ciudad de San Fernando de los Caballeros.

Están las dos tropas frente a frente separadas por el señor obispo, cruz en alto, coro de canónigos con sobrepelliz, tropa de monaguillos, mirones, vendedores ambulantes, niños, pueblo en general, gatos hambrientos.

El general López Montalvo avanza, solemne, unos pasos, rodeado de dos edecanes, mientras la banda de San Fernando de los Caballeros interpreta los marciales acordes del himno nacional. Enfrente, avanza el héroe de Chuquimay; junto a él, el coronel Sagasta y el sargento Leocadio Matías Suárez, conocido por *Tortuguita*. El héroe de Chuquimay ofrece su espada al general Montalvo, joya de familia que vino a América en el siglo XVII, tras matar herejes en la guerra de los Treinta Años, acero de Toledo, empuñadura de oro damasquinado, gavilanes de plata, un brillante del Amazonas añadido por un antepasado, gobernador que fuera ahorcado en juicio de residencia. La historia recoge la hora del encuentro: son las cinco y cuarenta y cinco de la tarde. En la Sierra, no se ha puesto el sol.

El general Montalvo rechaza la espada, los brazos abiertos, ojos húmedos: —No hay rendición cuando hay hombría de bien— dice, apoya la mano en el hombro del héroe de Chuquimay, se oye un tiro, la mano se clava las uñas.

—En paz descanse el general Montalvo. ¿Quién vive ahora? ¡Viva Yo!

—¡Que viva el héroe Supremísimo! —grita un sargento, lanzando el gorro al aire.

—¡Que viva! —responde, audaz, el miedo.

El Supremísimo hasta las cinco y cuarenta y cuatro de aquel día histórico —hoy Tirano Caído— se revolvió, inquieto, en la hamaca de algodón tejido, a medio vomitar, perfumada en aguardiente de caña.

—Levántate, desgraciao, que te la van a arrancar. Ya están aquí. —Es la voz querida, dulce, pastosa de la Pepa.

—Vete, pesadilla negra. ¡Constitución o Muerte!

—Déjate de tonterías, Supremitico, que ésta sí viene de verdad.

—Patria o Muerte.

—Que ya no nos queda sino la muerte, borracho de mierda.

Le explica a medias. Entiende completamente: Ya no es el Supremísimo. Hay otro Supremísimo más Supremo. Los traidores avanzan sobre Palacio. Las guarniciones desertan. En minutos estará cerrado el camino del puerto. En la sala está el conde de Fuenteovejuna, decano del Cuerpo Diplomático, ofreciendo asilo.

—¡Cuerpo de su madre!

—Cuidado, que el viejo te oye. Y ha sido muy considerado de él, venir en persona. Es un caballero español. Ten en cuenta los riesgos a que se expone. En la última revolución, los bárbaros pasearon al embajador de Francia en burro, al son de la Marsellesa.

—Ese pisahuevos está de acuerdo con todos: esos hijos de aura tiñosa que me besaban las manos y ahora me las muerden. Treinta años de sacrificios por el pueblo así es como le pagan a uno: hijos de la tiznada, leonesgábalos, nerones de maíz, atilos de burro. Que lo hubiera sabido a tiempo, que los hubiera tronado a todos. Y el conde de Fuenteovejuna nunca me hubiera bebido el coñac *Courvoisier*.

El Tirano Caído embarcó para Nueva Orleans, bajo la protección del conde de Fuenteovejuna, en compañía de la Pepa y de doce baúles salvados del diluvio. Por su parte, la Primera Dama por la iglesia, se fue para París, donde tenía unas cuentecitas bancarias y donde vivió muchos años como «la viuda de un distinguido presidente de uno de esos países sudamericanos».

En Nueva Orleans, el sorprendido tirano perdió los baúles y el dinero. Todo estaba a nombre de la siempre fiel Pepa. «Lo siento, chico, pero yo te aguanté muchos años para quedarme ahora sin baúles. Si no te fusilaron es porque yo no ganaba nada siendo tu viuda ilegal. Y no creas que te guardo mala sangre: Del baúl grande puedes sacar dos mudas de ropa interior.»

En la capital hubo cuatro días de festejos para aclamar al Supremísimo y una concentración de masas pidiendo «¡paredón! para el Tirano Caído». Tédeum, baile en Palacio, huainitos callejeros, recepción al Cuerpo Diplomático, corrida de toros. El Niño del Aconcagua, brindó a las autoridades el primer toro, que respondía al nombre de Tirano Caído. Faena que fue muy aplaudida por la afición, que le concedió orejas y rabo. En los cuarteles se celebró orgía con orden.

Se entregó al fuego, entre aullidos y regocijos, el retrato enmedallado del Tirano Caído y la leyenda en letras góticas, polvo de oro, que rezaba: «En esta casa, el Supremísimo preside los corazones», efigie que pendía inquisitiva y jacarandosa en las oficinas públicas, escuelas, lonjas de comercio, cafés, academias científicas, academias de baile, salones de maternidad, barberías, teatros, jardines de la infancia, funerarias, expendios de café con leche, guaraperas, plazas para desfiles, casas de citas, oficinas de planes de desarrollo, morcillerías, empresas de compraventa de amuletos y yerbas benéficas, ateneos culturales, boticas, billares, asociaciones cívicas, consultorios astrológicos, tintorerías y asilos mentales.

Aquellos ciudadanos más apasionados destrozaron, con uñas de júbilo, marcos y retratos. Los más previsores se limitaron a incinerar, en auto de nueva fe, la incómoda faz del Tirano Caído, guardando cuidadosamente el marco en una cama de algodón peinado entre bolitas de alcanfor. «No más retratos de líderes máximos ni consignas vergonzosas. Quiero una Patria de hombres libres» —declaró a la prensa, al rehusar que se entronizara su efigie, el Supremísimo Verdadero. Quien fuera ensalzado por unanimidad por su modestia y desinterés patriótico. Somos libres, seámoslo lo más siempre posible.

El Supremísimo anunció una política de regeneración institucional, progreso y respeto a los valores permanentes del vivir ciudadano. Se devolvió al clero el convento de Santa Mónica que el Tirano Caído había destinado a valla de gallos. *El Eco del Pueblo* pasó a denominarse *El Eco del Mundo,* y el Supremísimo se confirmó a sí mismo como director, bajo el pseudónimo de Cervantes.

—Este inglés es muy sabido. Demanda como garantía la concesión de los yacimientos de guano, doctor Villa Vicencio. Y mire usted, las cosas de la providencia. Cada vez que un ave caga en nuestra patria, nos hacemos más ricos.

—Bendito guano y bendito país.

—Eso en el futuro, y ello es la razón de ser de mi administración, la Patria Nueva. Por el momento, somos no más una patria de chicha, tamal y café con leche.

—Pero los ingleses, Supremísimo, están introduciendo el té de Darjeeling.

—Déle usted té a un gallego, recién llegado de La Coruña en alpargatas, y se lo vomitará, insultado. Siempre creerá que usted trató de envenenarlo.

—La Sierra empieza en los Pirineos.

—Ésa es Latinoamérica, secretario: Una quena, una gaita y un bongó alborotando una valla de gallos. Y después le piden a uno democracia, como si le pidieran té con galletas inglesas.

»Lo que necesita este país es una transfusión de sangre. Hacen falta rubios. Cuanto más rubios, mejor.

—Nadie viene aquí, si no hay plata que llevarse —insinuó el secretario del Consejo.

—Para algo están las leyes. Me va a preparar un decretico lindo, con sus por cuantos patrióticos, acelerando la división de las comunidades indígenas, esos zocos de viruela y pobreza. Hay que poner la tierra a progresar. Con la llama y el burrito, la patria no marcha.

La visita de Lord Fry había sido trompeteada por

El Eco del Mundo en editoriales, gotas de saber, comentarios de actualidad y cartas nunca escritas a nuestro director, que firmaba «un lector interesado» y escribía un comentarista desnutrido del periódico. Coincidían en heraldear la visita como representativa del nuevo programa de apertura a la inversión extranjera. La calle pululaba de rumores acerca de Lord Fry y su misión civilizadora.

Que el noble inglés traía consigo en un baúl dos millones de libras esterlinas, todito en oro. Pero tendrá que ser un baúl como las caderas de la Pepa. Pues no sé, no se lo he visto. Pero es verdad: mi prima trabaja en Palacio. Limpiará las escupideras.

Que el Supremísimo preparaba un decreto para hacer al país bilingüe: inglés y francés.

Que prueba de la creciente confianza de que disfrutaba el gobierno en los círculos internacionales, era que nunca antes un caballero de la Orden de la Jarretera había visitado nuestra patria, ni mucho menos alternado, fraternalmente, con la ciudadanía en las corridas de toros y vallas de gallos.

Por fin tuvo lugar la entrevista Supremísimo-Lord Fry. —El gringo se está cansando de esperar, Supremísimo —baboseó el ministro de Hacienda y Fomento, impaciente por el progreso y por morder la comisión, discretamente insinuada por el noble emisario.

El Supremísimo recibió a milord en el Salón de los Pasos Alegres de Palacio y, solemne, abordó su tema favorito con extranjeros de pro: La injusticia de la Divina Providencia no proveyendo un marco más digno a sus cualidades de estadista.

—¿Con qué me ha dotado el destino? Una tierra dividida entre cholos y chulos. Ciudadanos dotados con un odio patológico a todo tipo de trabajo. Salvo el ajeno, al que son muy aficionados.

»Para un gobernante europeo y hasta un americano rubio, todo es más fácil: hay cultura, trabajo, tradición, orden, respeto. Aquí el respeto no lo da la ley, sino el látigo. Y el que no usa el látigo sobre las espaldas ajenas, pronto lo ha de sentir en la propia.

—Hay razón para sentirse optimista, Excelencia. Ya sabe usted que el tiempo marcha adelante —milord aclaró satisfecho la garganta—; mayores dificultades que aquí había en la India, con tanto fakir desnudo, y ya ve usted el progreso que estamos haciendo. Aunque me esté mal el decirlo —bajó, recoleto, los ojos— tengo especiales talentos para tratar con los nativos, como quedó demostrado en la construcción del ferrocarril Bombay-Baroda. Y es que tengo una teoría muy firme, avalada por la experiencia: El primitivo no es otra cosa que el hombre civilizado antes de comprar vajilla.

—Aquí nadie compra vajilla. Cuando más se la pide prestada al vecino. Y luego no la devuelve.

Milord evocó sus relaciones con la *maharaní*. Cómo había comprendido el valor del ferrocarril para la exportación, cómo había sido la primera en ofrecer sus tierras para el paso, cómo había empeñado sus joyas —entre ellas el famoso diamante Ka-hi-pur, hoy en la Torre de Londres— para comprar acciones de la compañía. —Sonrió milord a lo Tom Jones—. Si Lady Fry... y si la *maharaní* hubiera sido aunque fuera algo más blanca. Algo así como las italianas o españolas, si no blanca del todo. En fin, así es la vida, ocupémonos del negocio nuestro de cada día que se nos da hoy. Y en voz alta, sonriendo al Supremísimo:

—La clave del progreso está en la mujer; tiene mu-

cho más sentido práctico que el hombre. —Tal vez en
algún balcón de enrejado de madera, tras la celosía, estaba ya esperándolo alguna *maharaní* local, pensó, una
de estas *spanish señoritas* de labios de fuego, navaja
en la liga y cuenta de banco. Un padre celoso, de bigote
latinos, que lo retaría a duelo con las pistolas de Pizarro,
o de Almagro siquiera. Haría el cuento en el club para
hombres ingleses, fumando un habano, taza de café, sillón, copa, mayordomo indio con turbante.

—...pues bien mirado, tal vez tenga usted razón,
milord, al menos la mujer es quien, en este país, en
definitiva, trabaja más. Hay mucho macho acostado en la
hamaca que llama a la mujer hasta para que le espante
las moscas.

—El ferrocarril cambiará todas estas cosas. La civilización es hierro, carbón y velocidad. E interés a largo
plazo.

—Si me dejan construirlo, Lord Fry. Ya se ha formado un comité de protesta entre los propietarios de
burros. Al grito de ¡Burro o Muerte! Y la semana pasada,
el decano de la escuela de medicina —sobrino del Tirano
Caído— atestiguó en la Academia de Ciencias que el
ferrocarril daba cáncer.

—Me deja usted horrorizado, Excelencia. Estas cosas
no se comprenden en Europa, salvo, tal vez, al sur de
los Pirineos.

La histórica conversación se prolongó por más de
seis horas. Cuando el dictador estaba de vena, tenía
la corriente verbal del Amazonas sin la represa del
tiempo. Después de todo, no había jefe que le llamara
la atención por desperdiciar los minutos de la empresa.
El educado Lord Fry moría cortésmente por presentar
las ventajas que su programa económico y actividades

concomitantes del progreso aportaría a toda la nación.
—La educación cívica, Excelencia, puede...
—Sobre ese particular, que reconozco es de suma importancia, tengo algo que decirle, milord. Yo quisiera ver al frente de este país a su Lord Palmerston. Y con todo respeto, la reina Victoria... —el gringo me está poniendo cara larga, sí muy fríos pero en cuanto les tocan lo suyo, más vale que—... Y Washington, el que libertó a Inglaterra de los Estados Unidos, ¿se imagina usted a Washington dirigiéndose al pueblo en la plaza de toros?, un hombre que, según él, nunca dijo una mentira ¿gobernando a este país? Aquí el único que en su vida nunca ha dicho una mentira es el tonto del pueblo.

7

El Tirano Caído arrastra una existencia de mendrugo de pan, salchicha de tripa, y cama —bancodeparque, en el barrio francés de Nueva Orleans. Por un trago de whisky, sirve a los turistas de alcahueto suplente.

De vez en cuando —y siempre en los aniversarios— la Pepa lo convida a almorzar y hasta le regala zapatos viejos, que ha dejado olvidados, junto a la cama, algún inversionista.

El Tirano Caído hizo todo lo que pudo para conseguirse un trabajo de menino de la casa de putas. Vetólo la Pepa, asegurando que su aspecto fosco cohibía el sistema neuro-vegetativo de la clientela. Inhibición que se reflejaba en una baja apreciable de la cuota de producción por debajo de la norma.

—Y tu jeta es desagradable para mis clientes. Todos caballeros del Sur y de las mejores familias. Anoche tuvimos la visita de un senador de cuyo nombre no quiero acordarme. Y de Washington me han hecho proposiciones muy ventajosas. El presidente del Comité de Planes de la Cámara de Representantes me ha ofrecido un puesto de secretaria. Y muy caballero que es, no creas, le dije que no sé inglés y me contestó que no hace falta.

»Y no te pongas bravo, mi tiranito caído, pero entre gente de la *high life* tú no encajas, siempre has tenido cara de asesino.

—Cuando era Supremísimo, me encontrabas buen mozo, Pepita.

—En el exilio me operaron el ojo.

El Supremísimo Cesante devora el plato de arroz con leche, rajitas de limón y canela, que la Pepa, en un arranque de generosidad culinaria, le ha preparado.

—No me falles, mi china, que tú eres lo único que me queda en este valle de lágrimas.

—Estáte tranquilo, que bueno es lo bueno y no lo demasiado. Y échate pallá, no te me arrimes; y con esa peste que traes a aguardiente de caña, ¡qué dirán los americanos de nosotros!

—Mi chinita linda, quítate de esta vida de lenocinio. No seas ambiciosa, y vámonos pa Francia, a pasear por el Sena en piragua. Y si nos fuera mal financieramente, recuerda que también los franceses hacen eso.

—Si me voy pa Francia no será contigo, muerto 'e hambre. Y es que eres un inútil, chico. Y ni siquiera eres negro, que entonces podría venderte como esclavo.

—Tú no me decías eso cuando...

—Cuando, cuando, es el nombre de una canción. El mago de la melodía, Joe el moreno, me la toca, con su poderoso saxofón, todos los días.

—Si no hay lugar para mí en las entretelas de tu corazón de piedra, me tiro al río Mississippi, mi prieta. Que me devoren los aligatores del Norte revuelto y brutal.

—Pues ya estás andando, sirveparabono. Me enteraré por la prensa USA:

> *Ex presidente latino*
> *ahogado en padre*
> *de los ríos.*
> *Información exclusiva*
> *por nuestro corresponsal.*
> *Declaraciones del*
> *Departamento de Estado.*

—...pues si quieren elecciones ¡Que haya elecciones! No seré yo quien me oponga—. La voz del Supremísimo tenía melodías de pelotón de fusilamiento a las cuatro de la madrugada.

El secretario general de la Presidencia y del Consejo de Ministros, doctor Estanislao de Villa Vicencio, agachó patrióticamente la cresta, en actitud de gallinita joven sorprendida fuera de gallinero por gallo viejo.

—Entiéndame, Supremísimo en Jefe, en este país nadie quiere elecciones. El apoyo del pueblo al Gobierno es más que unánime.

—Entonces ¿elecciones para qué?

—Informa nuestro ministro en Londres que la banca británica se niega a aflojar la mosca si no hay un gobierno elegido que garantice estabilidad.

—Nada más estable que nuestro gobierno. ¿Cuántos años no llevamos ya en el poder?

—Es que insisten en que haya varios candidatos.

El Supremísimo se concentró, cerró los ojos, inmóvil, aflojó los músculos en actitud de caimán tomando el sol en el Amazonas después de haberse tragado venado gordito.

El doctor Villa Vicencio educado, respetuoso siempre de los trances del poder, no osó interrumpirlo: guardaba el hechizado silencio de la tribu cuando el *piache* inhala el ñopo. Oyó susurrar palabras cuya relevancia se le escapó: Austerlitz... Wagram... la pérfida Albión... *allons, enfants de la patrie*... Gran Corso... El Héroe y la historia...

El Supremísimo emergió, radiante, con la confianza íntima de la vestal romana bañada en leche de burra.

—Trasmita usted mis instrucciones a todos los gobernadores, alcaldes, jefes militares, jefes de policía, capitanes de partido, alcaldes de barrio, comités de defensa y progreso, responsables de seguridad, administradores de correos: Es deber cívico del ciudadano depositar su sufragio en la urna de la Patria. Instrucciones mínimas: 1) Esencial varios candidatos de primera. 2) Voto popular y secreto. 3) Que se vote y que se cuenten los votos. Como es debido.

«Se acabó en este país el transporte a lomo de indio», vibrantes palabras del Supremísimo desde el balcón de la plaza. Ovación. Vivas al Supremísimo y a la reina Victoria.

Las obras del primer ferrocarril andino comenzarían de inmediato. La banca de la City aportaba los fondos a cambio de la concesión para explotar el guano. Las heces fecales endurecidas al sol, de cientos de millones de aves marinas, aliviadas todas las mañanas, por más de cien milenios, de su desayuno de bonito, mejillón y anchoa, garantizarían que la patria comiera hoy, caliente.

El pago de peones correría por cuenta del tesoro nacional, crónicamente debilitado desde el, ya pretérito, vaivén suicida de las caderas de la Pepa. Para obviar el déficit presupuestario, y demostrar nuestra seriedad al país hermano de Gran Bretaña, se recurriría a una versión progresista de la esclavitud. El reclutamiento paternal de indios ociosos. Los que, en cualquier supuesto, debían ser apartados, por toda administración honrada, de los peligros que ocasionaron la ruina del hijo pródigo, según se acordó en Consejo.

—Progreso o Muerte. Trabajaremos —anunció desde la Plaza de los Virreyes, el Supremísimo.

—Napoleón, emperador de los franceses, ¿qué hubieras hecho tú, si te hubieran pedido elecciones? No, no te quedes con esa boca abierta que en este país tenemos muchas moscas; contesta emperador. No contestas porque eres un gran hombre: a aquel duque de algo de Enghien me parece, que amenazaba discutir tu legitimidad, lo fusilaste. Fusilar es la manera más definitiva de hacer elecciones. Pero ¿cómo puedo fusilar a Lord Fry? Además de blanco, es europeo. Y tiene, detrás de él, una armada de viejos piratas que protegen, honradamente, el comercio.

»Napoleón, qué suerte tuviste en hacerte emperador y no cacique. Cuando nosotros fusilamos —en la América que habla español y come tierra— nos llaman bárbaros. Cuando ustedes ejecutan, se llama proceso legal. No, no me digas que es distinto: todos tenemos glóbulos rojos. Claro que allá comen *paté de foie gras*; y nosotros, choclos de maíz y plátanos fritos.

»Napoleón, tengo que hacer elecciones, si no los banqueros no aflojan las libras esterlinas. ¡Feliz tú, que siempre tuviste a los ingleses de enemigos!

»Hipócrita, no me has querido contestar, y no te eches tanto rapé en las narices, Napoleón, me recuerdas el ñopo de mis salvajes. Y no seas estulto, emperador, hay muchas clases de elecciones. Al condenado a muerte, sin ir más lejos, se le da a elegir. ¿Qué quiere usted para la cena?

Banda de la República a tres colores. Condecoración del Cóndor de los Andes. Gran Cruz del Águila Imperial Rusa. Legión de Honor. Cordón Verde del Sultán de

Constantinopla. Medalla del Good Friend. Cruz de María Cristina. Gran Cruz de O Terror Dos Mares. Gran Cordón de la Victoria de San Fernando de los Caballeros, con Palmas de Oro. Orden del Pavo Blanco del emperador de la China. Orden del Caimán. H. P. de la Patria (Hijo Predilecto). Mano derecha rascándose, bajo el chaleco, el pecho napoleónico. Bicornio y caja de rapé; capote de Dumolins Frères estilo gran corso. Espada y espuelas. Monta caballo blanco. El Supremísimo posa para el cuadro de Mayúsculo Líder.

Manuel Fernández Quispe pinta lo que puede. Donde puede. Hoy en *Le Petit Trianon,* finca de recreo del Supremísimo. Desde que Lord Fry lo recomendó a sus compatriotas, ya no pasa hambre. Y hasta le queda tiempo para pintar, de contrabando, lo suyo. Donde puede.

—Me parece muy corta la cola de este caballo, artista.

—Pues se alarga la cola.

—Y que se vean las rueditas de la espuela. Fíjese usted, que tienen mucho señorío.

En el fondo del cuadro, vagamente desdibujadas por el simún del desierto, asoman la Esfinge y las Pirámides. Tiene el Supremísimo la mirada intensa, imperiosa, ligeramente extraviada de los grandes planes: —Lo que me gustaría a mí tener tiempo para pintar y escribir. Siete libros tengo proyectados. Es lo que yo digo: el servicio de la Patria no se sabe los sacrificios que cuesta.

Pierde la mirada en la estatua de la plaza, medita, suspira. Se rasca filosófico, la cerilla de la oreja. Atisba la gaveta cerrada. Atesora en ella medio manuscrito de *Marchando hacia la Gloria (Poesías y ensayos de un alma íntima).*

Sabe el pintor que el hombre quiere ser interrogado.

Hace memoria y pregunta: —¿Y la ópera, Supremísimo, dónde la deja?

—Bien sabe el mundo que es otra de mis vocaciones malogradas por el bien público. Pregúntele, pregúntele, al profesor Carlo Gelato. En la decimoquinta bienal de maestros de canto, se me otorgó por unanimidad el diploma de Voz Privilegiada de la Nación. Con cordón de oro. ¡Me hubiera oído usted en *Parsifal*!

—Y no olvidar el concurso de natación de las cinco millas.

—Medalla de diamante. Y compitiendo con muchachitos de dieciocho años. Le aseguro a usted, Quispe, que si no fuera el apremio de la cosa pública, iría a representar los colores de nuestro país en las próximas Olimpiadas.

Contempló el cuadro y sugirió algunas modificaciones: —Cambie usted la expresión de la Esfinge. ¡Si parece una Hija de María, hombre! Haga que se vea el misterio. La insinuación poética. Sea usted esotérico.

Obedeció Quispe sin entender qué estaba haciendo.

—Óigame, estoy seguro de que yo podría... reconozco, sinceramente, que tengo habilidades naturales para la pintura... claro está que al principio estaría por debajo de los grandes. Pero con un poco de práctica...

—Tiene usted razón. La práctica lo hace todo. Es cuestión de tener el tiempo. Y voluntad.

—Sé que no me lo creerá usted, Quispe, ni nadie que no me conozca por dentro, pero le voy a confiar uno de mis secretos. De pequeño, tenía yo tal disposición para la pintura, que mis condiscípulos solían llamarme en los recreos Miguel Ángel Goya.

Resultados oficiales de la primera elección, popular y secreta, celebrada desde el derrocamiento del Tirano Caído, para la primera magistratura de la República.

Supremísimo:	639.689 votos
General Sánchez Torralba:	38 votos
General Juan José Tolima:	6 votos (I)
Napoleón Bonaparte:	2 votos
Alejandro Magno (en la columna en blanco):	1 voto
La Pepa:	819 votos (II)

(I) Presumiblemente, miembros de su familia; si bien, su tío, el doctor Arístides Tolima Barrios, médico militar, declaró al corresponsal de *El Eco* que había ejercido el derecho cívico del sufragio en favor de la merecida reelección del Primer Mandatario.

(II) El Tribunal Superior Electoral, en la vista del recurso establecido por el Ministerio Fiscal, a nombre y en representación de la República, anuló la totalidad de estos sufragios, que fueron atribuidos a antiguos clientes.

—El pueblo ha expresado el derecho del sufragio en elecciones libres. Doctor Villa Vicencio, hágame el favor de comunicar a las autoridades procedentes con arreglo a las leyes que al que no haya votado me lo reporten en la lista de *Asuntos de Interés Vario y miscelánea.* Para la rifa de un fusilamiento.

8

Al pueblo de Huallantay llegó, a lomo de mula serrana, el sargento Sulpicio Ramos, sudadas las ancas, reclamando del alcalde de indios noventa trabajadores voluntarios en buenas condiciones de salud, dentadura y costumbres.

Horas más tarde, Tomás Huanca, alcalde de la comunidad indígena de Huallantay, informó al sargento Sulpicio Ramos que tenía cuatro voluntarios y una mula para los Grandes Trabajos Ferrocarrileros.

Sulpicio consultó la lista de voluntarios quevanapresentarsesinduda, confeccionada por el ministro de Hacienda y Fomento con la cooperación del ministro de Trabajo y Recursos Humanos, el visto bueno del Interior y Policía, el refrendo de Defensa y la aprobación del Supremísimo.

—Pero ¡qué claro está aquí! Mire, aquí dice que noventa es el cupo de trabajadores voluntarios que este pueblo debe voluntarear.

—Pues, ¿cómo, patroncito? —El alcalde se rasca la cabeza.

—Son cálculos científicos. No hay fallo posible, ¿ve usted? —le pone al indio el papel en las narices—. Está escrito por los que más saben.

—Pero ¿y si no hay voluntarios?

—Usted hágalos que voluntareen. Para eso es alcalde. No es asunto mío si unos voluntarios son menos voluntarios que otros.

49

El secretario del Consejo de Ministros, nariz de roedor hambriento tras queso burocrático, oliscaba el aroma zamacuco de decretos, oficios y memorándums. El Supremísimo teníalo en gran aprecio, pues lo consideraba tan gusarapo como indispensable. Si algo en la administración del bien público irritaba al Mayúsculo Líder era la atmósfera cagatintas. El tener que hurgar, personalmente, en por cuantos, considerandos y papelitos. Creía, con la convicción de un testigo de Jehová, que el hombre grande que se rebajaba a buscar apoyo en la lógica para lo que quería hacer, era menos grande.

El secretario lógica no tenía mucha, pero la suplía administrativamente con suave y flexible rabadilla. Exploró, odalisco, la faz del sultán, antes de insinuar en danza del ventrílocuo: —¿Prosigo con el parte del día?

—Prosiga, doctor Villa Vicencio.

—El comandante Apapipio Álvarez, Cóndor de la Patria, jefe militar por sucesión reglamentaria del departamento Nevado del Chichimayo, respetuosamente tiene el honor de informar que, según indagaciones del sargento Sulpicio Ramos, delegado de la Cruzada Ferrocarrilera, el poblado de Huallantay, al que correspondía voluntarear noventa trabajadores de acuerdo con el cálculo de entusiasmo nacional, ofrece cuatro indios y una mula, uno de ellos tuberculoso.

—Contéstele que tome medidas.

—¿Qué medidas, Supremísimo?

—Él sabe, y si no sabe, no puede ser comandante.

«En cumplimiento de las instrucciones de la superioridad y al amparo de la Constitución y las leyes, hube de personarme en el poblado de Santo Domingo de Huallantay con el objeto de proceder a la bienvenida y transporte de los noventa trabajadores voluntarios que, entusiásticamente, habían ofrecido sus servicios a la Patria en la Cruzada Ferrocarrilera, encontrándome con que un individuo, sospechoso de complicidad con el Tirano Caído y con agentes de la masonería y el judaísmo internacional, por nombre Tomás Huanca Yupanqui, había usurpado las funciones de alcalde de esa comunidad manteniendo a la población en constante estado de terror. Requerido el Huanca Yupanqui por el oficial que suscribe para que depusiera su actitud prepotente, hubo de agredir con machete filoso al sargento Sulpicio Ramos, ocasionándole lesiones de gravedad en la región sacroilíaca posterior, en cuya virtud agentes de la autoridad a mis órdenes se vieron obligados a reprimir al Huanca y sus secuaces, ocasionándoles las bajas que fueron menester para el restablecimiento del orden y de las que se informará al señor juez de instrucción en la oportunidad procesal correspondiente, queriendo sin embargo significar, desde ya, que las fuerzas a mis órdenes procedieron a libertar a ciento setenta y cuatro voluntarios que el Huanca Yupanqui mantenía arrestados en sus domicilios, todos los cuales se encuentran actualmente en viaje hacia los Grandes Trabajos Ferrocarrileros y me piden expresen a nuestro Comandante en Jefe el entusiasmo que los anima.

Con saludos regeneradores de
PROGRESO O MUERTE
TRABAJAREMOS

Comandante Apapipio Álvarez, C. P., H. P.
Jefe Militar del Departamento Nevado del Chichimayo.»

Glosó Miguel de Cervantes en su columna de *El Eco*:

La respuesta de las masas a la Campaña Nacional de la Cruzada Ferrocarrilera, que ha rebasado los cálculos más optimistas de los observadores nacionales y extranjeros, es prueba contundente de la confianza que merecen al pueblo los planes del Gobierno. En la campaña de emulación, ha correspondido el primer lugar al poblado de Santo Domingo de Huallantay, con un cumplimiento del 193 % de la norma.

Fue muy comentada la charla que ofreciera el doctor León Buenaventura, catedrático de Ética, Lógica y Cívica, en el Auditorium de la República: «El trabajo voluntario tiene tradición de solera».

El doctor Buenaventura es hombre de gran laboriosidad y vista cansada, cuya misión en la vida es la búsqueda del antecedente y su conversión en consecuente.

«La mita no era otra cosa que el trabajo voluntario que el indio prestaba al hacendado y minero, en noble agradecimiento por la educación en gramática castellana, fe y buenas costumbres.»

El doctor Buenaventura es autor *in pectoris* de *Confesiones de un gran filósofo,* el sensacional *best seller* que firmara el Supremísimo. Obra de texto en los institutos de enseñanza secundaria, escuelas del hogar y la academia de masajistas.

«La mita no se ha entendido en toda su pureza por agitadores liberaloides pero ya comienza a ser valorada a la luz de la investigación histórica moderna.»

Al hablar, el conferenciante tose discretamente, unos aseveran que para reclamar silencio del público, y otros que para aclarar lo que dice.

«No es fácil mirar a una institución vieja con ojos frescos. Y sin embargo es necesario.»

El catedrático es sujeto de cuello almidonado y yerto, chaleco de casimir bordado y modales en puntillas.

«Las aplicaciones prácticas del principio laboral de la mita son de consecuencias incalculables en el futuro de la humanidad. Un futuro de bienestar bajo la autoridad, libertado del individualismo anarco-loco.»

Gasta un bigotillo roedor, perfumado con aceite de algalia. Se acicala las uñas con doña Dorotea, anunciada la mejor manicura del mundo de habla castellana. Precios razonables. Tiene la cintura empequeñecida por faja-camisa de fuerza. Al abordar un punto de particular erudición, entorna los ojos y mueve las caderas.

Sus alumnos, con esa falta de respeto que caracteriza a la adolescencia, lo llaman amanerado, pero los que lo conocen bien aseguran que solamente es un poco maricón. En los fines de semana y en las vacaciones de Navidad.

Tomás Huanca huyó al monte con un puñado de rebeldes. Atrás quedaban las chozas de barro y paja incendiadas por los soldados. Mujeres y niños eran rehenes del entusiasmo que poseía a los trabajadores voluntarios. En la cueva del pueblo, el comandante Apapipio quemó las imágenes del Sol y del padre Baeza. Son supersticiones que condena la ciencia. En su lugar, entronizó un cuadro del Supremísimo. Tamaño natural, reproducción de Napoleón entrando en Roma con cara del Mayúsculo Líder.

De todos los pueblos de la Sierra, fluyeron, por millares, trabajadores voluntarios. Poseídos de un entusiasmo que no se veía en el altiplano desde los tiempos de Pizarro.

Para Fernández Quispe, Huallantay era más de lo que estaba dispuesto a soportar. Se uniría a los desesperados de Huanca, y dejaría de pintar para siempre. O hasta que hubiera libertad, que —pensaba— sería la misma cosa.

Antes de fugarse, señaló al Supremísimo la conveniencia de tratar, científicamente, el retrato oficial, que colgaba en el salón del Consejo de ministros: «Me parece que sería oportuno, Supremísimo, hacerlo impenetrable a todo deterioro ocasionado por el tiempo».

Cuatro días estuvo encerrado con el retrato. Del pincel a la cama; despertándose en la madrugada para pintar otra vez.

Al final, la batalla de las Pirámides y la Esfinge habían desaparecido. En su lugar ocupaban el fondo del retrato del Mayúsculo Líder el incendio de Moscú, una escena del Dos de Mayo en Madrid y unos guerrilleros ahogando a un comandante de coraceros en la fuente del pueblo mientras una española de rasgos indios le rompía un cántaro de barro, con la imagen del sol, en la cabeza.

Cuando el Supremísimo vio el cuadro a prueba del tiempo, dio orden de que fusilaran al pintor dondequiera que fuera hallado.

9

El Tirano Caído falleció en el barrio francés de Nueva Orleans en los brazos de un maricón. Criado de la casa de putas que acudió al sonido del disparo.

La policía acusó a Joe S. Stick, saxofonista de profesión, de gran porvenir, el cual la semana anterior había tenido un altercado con el difunto ex presidente, según se comentaba en los círculos bailables. Consignan las actuaciones que el finado mandatario, una semana antes de los hechos, hubo de arrebatar al Stick una sortija que el difunto alegó era de su propiedad y que aseguraba reproducir el escudo de la República, sin que se haya aclarado, hasta el presente, cómo la precitada sortija, en su caso, hubo de llegar a las manos del saxofonista. Algunos circunstantes escucharon palabras fuertes que en lengua española dirigía el ex presidente al mencionado artista, y cuyo sonido no pudieron reproducir. Si bien parecían bastante groseras y poco apropiadas en boca de un ex presidente, aunque fuera *spanish*.

Celebrado el juicio, que atrajo gran cantidad de público y compañeros de la prensa, el fiscal elevó a definitivas sus conclusiones provisionales incriminando al precitado Stick. El jurado hubo de absolver ante la prueba aportada por la defensa de cinco testigos presenciales, los que declararon que, a esa hora, el acusado se encontraba en la cama con la señora doña Josefa Encarnación del Pozo, conocida por la Pepa, particular que hubo de avalar la mencionada dama. Y confirmaron tres señoritas.

La prensa americana dedicó a los hechos, amplia reseña informativa, destacando la labor del difunto durante su presidencia, calificada de ejemplar. La Pepa envió una corona de gladiolos con cinta morada.

10

El pintor Quispe se unió al grupo rebelde de sobrevivientes de Huallantay. En la pacificación del pueblo murieron su hermana y dos hermanos. El cuarto no quería morir y *lo fueron* de voluntario. Quispe se ha hecho cargo del sobrino de tres años, hijo del mayor. El alcalde Huanca mantiene unido al grupo, que siembra y tiene que marchar antes de cosechar porque el ejército ha aparecido allá a lo lejos, está a dos días de camino allá abajo en el valle pero ya se ven los uniformes, muy bonitos. El fusilamiento o el invierno. Allá en las cumbres van quedando los sobrevivientes. Éste duró hasta hoy, lo dice la cruz, tuvieron tiempo de ponérsela. Aquél duró hasta ayer, pidió que lo enterraran con el cántaro de sol alegre y triste. Cada vez que alguien muere, Quispe siente la desesperación de la máxima inutilidad. Ahí queda, bajo la nieve, hasta que venga el deshielo y se lo coman los buitres. Una baja más causada a los bandidos en combate es cuanto tengo el honor de informar a la superioridad a los efectos procedentes. Quispe marcha porque el único sentimiento que queda es el de no darse por vencido aunque se esté vencido. Apuesta contra el infierno. Y si el infierno gana, hacerle trampa.

Hay para comer papas congeladas en la nieve; unas papas pequeñas, arrugadas, que saben a pobre. Y la ropa de los muertos calienta.

El pueblo nómada se fue haciendo contra toda lógica. Los que vivían quedaron duros por fuera, tiernos por dentro, unidos como nunca lo habían estado antes.

Quispe sigue pintando lo que puede, sin materiales apropiados. Trata de ordenar sus pensamientos a ver si después de tanta agonía puede seguir pensando. Descubre, para su asombro, que no puede. Vivirá al segundo, pincelada del instante. Y si la vida no es más que escoger entre absurdos surtidos, elegir el absurdo bello.

Abajo, en el abismo, marchan los soldados, con sus uniformes brillantes que los delatan al sol. La tierra parda, sin hierba. Estaban a diez horas de camino cuesta arriba. Tal vez quince. Se calentarían al fuego del hogar quemando las chozas de los rebeldes.

No podía llevar sus cuadros. Las órdenes de Huanca eran para todos. Cargar: vituallas, enfermos, niños. Eran quince o veinte cuadros, terminados y a medio terminar. Los soldados se calentarían en el fuego o quizá se los llevaran al Supremísimo.

Ya todos comenzaban a marchar con el viejo Huanca el último. «¿Vienes?» Quispe hizo un montón con todos sus trabajos. Les pegó candela.

Se levantó y echó a andar. Tenía las manos entumecidas de sacar papas bajo la nieve. Las más se habían podrido antes de congelarse. Hacían vomitar a los cerdos.

Se volvió a mirar. Salía humo de las pinturas. Ardor en los ojos. Un nudo en las manos. Una chispa de ya no importa.

11

¡La selva!

¡La selva! Árboles, agua, árboles, bestias, árboles, hombres bestias, árboles, hombres víctimas, árboles. América sin arado y sin cruz. Árboles. Torrentes helados de los Andes condenados al infierno ardiente del Amazonas. Hombres condenados a morir de sed a trescientos metros del río que no encuentran nunca. América de la prehistoria. Árboles.

Cuatro semanas antes, el Supremísimo había llamado a Palacio al coronel Méndez, de notoria experiencia selvática, oficial que fuera del famoso regimiento *Los Jaguares*.

—Nos vamos a la Selva, coronel. Hágame el favor de seleccionar escolta adecuada y ensillar algunos indios.

—Si me permite, Supremísimo...

—Sé lo que va a decirme. No me lo diga. Al Supremísimo nada le arredra. Si tomé las riendas de la Patria en momentos aciagos, olvidados hoy en el basurero de la Historia, fue porque no había quien le parara la pechera al potro del llanero. Ambiciones personales de poder nunca ha tenido. Si marcho a la Selva es porque lo requiere el honor de la Patria ante los ojos y oídos del mundo. Extender la autoridad patria hasta sus fronteras naturales, cumplir los designios de la Historia que nos dotó con esta inmensa tierra inmensa.

—Aquello está desguarnecido. No hay garantías. A excepción de los puertos del Amazonas, no tenemos autoridad efectiva ochenta kilómetros al oriente de los Andes. El Oriente es el caos.

—Como si el Supremísimo no se supiera su geografía. Coronel: o a la selva o a la mierda. Escoja usted con libertad.

Y así se puso en camino, hace hoy catorce días, la caravana civilizadora.

¡La selva! Los árboles ahogando a los hombres, los arbustos ahogando a los árboles, las lianas estrangulándolos a todos. El dulce olor a flores podridas. El silencio. El camino sin senda siempre igual. El delirio. Aquí fue donde se perdió el segundo tesoro de Atahualpa, el que nunca pudo encontrar Pizarro. Mucho más valioso que el rescate de Cajamarca. Quita allá, que nunca hubo tal tesoro. ¿Y cómo usted lo sabe, patroncito?

—Coronel, dígales usted a esos indios pendejos que se callen. El tesoro de la Selva está en el desarrollo. Somos pioneros de la economía política, no como aquellos conquistadores enloquecidos que no sabían cómo aprovechar lo conquistado —el enfermito mental de Orellana que veía monstruos en todas partes—. Nuestros propósitos vienen avalados por la ciencia. Marchamos a la conquista verdadera del infierno verde.

—A las calderas de Botero más bien.

—Cállate, que te oye.

—¡Qué va! El Supremísimo ha caído en trance. Nada más fácil que atontarse en la litera presidencial. Se acuesta uno, habano en la boca, y lo transportan ocho piernas de indios. Cada media hora se releva el tiro. Cada dos horas una generosa ración de coca. Indio, si no contento, resignado. Y ya se sabe que la resignación es más virtud que la alegría.

Selva: región nunca penetrada de la Patria, altiva

Diana que rechazas al hombre blanco y te acuestas en el chinchorro del salvaje, abre tu orquídea negra, como al ilustre Bonaparte, en vencedor combate, se le entregó la Esfinge del desierto.

—Lo mordió la culebra machaguy en el traste.

El desarrollo porvenir

Había sido Lord Fry el primero en sugerir la idea, como tantas otras que, paso a paso, estaban cambiando la faz de la nación. Abriendo rumbos insospechados.

—En la selva espera la riqueza —aseguró.

El Primer Magistrado acogió la opinión británica con entusiasmo ecuatorial. A principios de su gobierno se había reído de la misma idea propuesta por el capitán Díaz. El mismo que, años más tarde, falleciera, tragado por un jaguar en el Pongo del Venadito.

—Especifíqueme, milord.

—Caucho y diamantes.

Los ojos del Supremísimo brillaron como ídem.

—Y dígame, milord, ¿qué cosa es caucho? —este inglés usa palabras finas para tupirme.

—Lo que ustedes llaman jebe, balatá... Hay distintos tipos. Será el *boom* de la selva.

—Eso es leche de árbol —ríe el Supremísimo, salpicando a milord de saliva presidencial—. Nunca se me había ocurrido que se pudiera utilizar para otra cosa que para ponerle trampitas a los pájaros —hace un gesto dibujando la trampa en el aire—. El ave queda atrapada en la savia, si es fresquecita. Óigame, ¡la cantidad de pájaros que yo he cogido de niño! Calcúlese, que yo era conocido como el Terror de la Naturaleza. Y dígame, Lord Fry, ¿con qué comen el caucho allá en Inglaterra?

—No es para comer, Excelencia, usted perdone. Se trata de un producto que va a revolucionar la historia de la humanidad, aplicado a la industria y al transporte. En Londres se están haciendo experimentos en secreto por una corporación de amigos míos, con una pequeña cantidad traída del Brasil por vía confidencial. Referirme a todos los usos que puedan surgir en el futuro es algo que desafía a la imaginación más vigorosa. Para darle sólo un ejemplo: el tránsito en la City, con el desarrollo industrial, se ha tornado excesivamente ruidoso. Afecta el sistema nervioso de la población; ya aquello de la flema británica va quedando poco y quedará menos en el futuro. Una ventaja indiscutible del caucho industrializado sería proveer cubiertas de goma para las ruedas, lo que, entre otras cosas, eliminaría, en gran parte, el ruido.

—Ah, eso sí que con nosotros no caminaría, milord. Aunque si el imperio británico lo compra... —observa a Lord Fry con suspicacia—. Aquí el que monta en coche quiere hacer el mayor ruido posible para que todo el mundo lo vea. Aunque veo una posible utilidad del caucho para los coches de amoríos clandestinos.

—En pocos años, Inglaterra —agita los brazos en actitud de predicador en Hyde Park— estará importando todo el jebe que ustedes puedan producir y pidiendo más.

—Pues andando con el caucho de los huevos de oro. Eso aquí es barato: el árbol y el indio. El árbol sale gratis, ahí está tirado en la selva, y el indio por el chinchorro y el casabe. Se le puede hasta ofrecer cierta variedad en la dieta porque la carne de mono también sale gratis.

—Otro interés serían los diamantes...

—No lo culpo, milord. Las mujeres se vuelven locas por ellos; aquí también, no crea. —Pareció meditar en silencio. Tendría que traerle uno bien grande a Edelmira para que se estuviera quieta y dejara de pedirle matrimonio. ¡Como si uno fuera el Gran Sultán de Constantinopla!

—Es imprescindible hacer un viaje a la selva, Excelencia, para determinar los recursos explotables. Por la parte del Brasil se viene trabajando mucho. Les van a coger la delantera. Sería una vergüenza internacional.

—En dos semanas le preparo una expedición, milord. Y de segundo jefe irá uno de mis mejores oficiales, con larga experiencia en el Amazonas: el coronel Arsenio Méndez.

—¿Quién será el primero?

—Yo.

—Napoleón, hermano corso, mira que estos ingleses son ladinos, en fin nadie mejor que tú los conoces. Me dijo lo de las ruedas de coche para cogernos el caucho más barato. Estoy seguro que en Inglaterra se lo comen. Figúrate que cuando pasé por Londres, de regreso de París, me sirvieron un filete a lo vino de Burdeos —el Supremísimo reprime una arqueada— que parecía de goma. Ahora me lo explico todo.

El Supremísimo conversó con el emperador por una placentera media hora. Luego se enfrascó en la lectura de las *Cartas* y *Memorias*. Leyó, suspendido de admiración y celo emulativo, la epístola napoleónica a Madame de Rémusat: *En Egipto pude liberarme de los obstáculos de una civilización irritante... Me vi a mí mismo, marchando al Oriente, montado en elefante, un turbante en mi cabeza, y en la mano el Nuevo Corán que yo podía haber compuesto para ajustarlo a mis necesidades... Tenía el alma repleta de sueños... En mis empresas habría de combinar las experiencias de los dos mundos, explotando para mi propio beneficio el teatro de la historia... El tiempo que viví en el Oriente fue el más hermoso de toda mi vida, porque fue el más idealizado.*

Al Supremísimo se le subió el elefante napoleónico a la cabeza mientras decía: —Coronel Méndez, ésta es una orden. Hay que marchar al Oriente. Ha sido en el Oriente donde los grandes hombres han encontrado siempre la grandeza: Napoleón, César, Alejandro...

¿Vive el doctor Bluestone?

—¿Qué sabe Su Excelencia, del doctor Bluestone? —habíale preguntado Lord Fry, cuando, en la capital, discutían la expedición.

—Hace cuestión de quince o más años, época en que desgobernaba al pueblo el Tirano Caído —el Supremísimo sacudió el grueso pulgar hacia abajo en gesto de circo romano—, vino a este país un científico británico, avalado por las mejores recomendaciones: el doctor David Bluestone, nativo de Edinborough, miembro de una de las más rancias familias. Una de sus abuelas, según se comenta, acompañó a María Estuardo hasta el cadalso. Mr. Bluestone, cuando yo tuve el placer de conocerlo ya mucho más tarde, era un viejito agradable, de ojos azules, patillas grises, barba cuidada y patriarcal, grandes conocimientos, y siempre de buen humor. Clasificó más de seiscientas plantas silvestres que no se conocían en el mundo civilizado. Descubrió una tribu de indios que, a mi modo de entender, era el eslabón perdido entre el mono y el cholo. Investigó las causas de los frecuentes terremotos, descubriendo —recordará usted milord— la famosa *Falla del Doctor Bluestone,* cisura de nuestro planeta, llamada así en su honor por la Academia de Ciencias Británica. Un verdadero sabio. La Reina Victoria lo nombró caballero en una ceremonia a la que acudió todo el cuerpo diplomático latinoamericano acreditado en Londres. Nuestro país nombró un enviado especial y plenipotenciario: el doctor Huaco, que nos representó en la ceremonia. Al regreso del científico, yo lo invité a Palacio, aquí mismo, donde está usted sentado, se sentó el doctor Bluestone conmigo —el Supremísimo indicó el sofá de terciopelo rojo y brazos dorados, mientras Lord Fry se revolvía algo nervioso— y le diré que tenía un arte británico de servir el té con pastas que parecía una ceremonia religiosa. Y hombre de cultura realmente enciclopédica, como rara vez se encuentran. Y sin el menor prejuicio: a pesar de ser británico conversamos más de seis horas sobre Napoleón Bonaparte —señaló hacia la estatua de mármol del emperador, tamaño natural, que, mano en el pecho, presidía, ceñudo, la conversación—. Tenía unas teorías fascinantes sobre el Gran Corso que, otro día, con mucho gusto y más tiempo, he de explicarle. Y le advierto que a Carlyle, lo conocía personalmente y hay quien dice que colaboró con él en el libro de los *Héroes* —el Supremísimo alcanzó de la biblioteca un voluminoso ejemplar lujosamente encuadernado en piel de indio—. Pues bien, milord, este sabio se ha pasado veinte años haciendo descubrimientos científicos de primera magnitud, repartiendo biblias del Rey James, curando enfermos, previniendo, ocasionalmente, a los indios contra el poder de algunos curas malintencionados, predicando el libre examen, el método inductivo, la tolerancia de las ideas, la aplicación práctica de la metodología estadística y, para desgracia de las ciencias y de las letras —suspiró— desde hace cinco años no se sabe nada de él. Todos los esfuerzos de la patrulla de la selva y de la Unión de Ciudadanos Cívicos han sido en vano.

¡El doctor Bluestone! El Supremísimo no le había hecho justicia en la breve historia de sus realizaciones enciclopédicas. El doctor Bluestone era uno de los escasísimos nombres que entusiasmaban al público británico, norteamericano, y aun continental, en esta época de crítica y escepticismo. En veintiocho años —Lord Fry recordaba bien la fecha— el doctor Bluestone, sin otra compañía que nativos desnudos, había recorrido las selvas de Sudamérica, amenazado por hordas de salvajes y españoles. A pie, en curiara, en bongo, a través de una extensión dos veces mayor que el continente europeo. Desde el Casiquiare hasta las márgenes del Bermejo; desde el brazo menor del Araguaia hasta el nacimiento del Huallagas, perdido en la leyenda; desde las faldas orientales de los Andes hasta las playas sensuales del Atlántico, nada sudamericano le era ajeno al genio anglosajón.

Su cruel desaparición era materia de preocupación nacional en el Reino Unido sin excluir el norte de Irlanda. En el parlamento de Westminster, el primer ministro había sido interpelado, sarcásticamente, por los líderes de la oposición, en torno al destino del sabio y filántropo, y de qué esfuerzos —si es que hacía alguno— estaba realizando el gobierno de Su Majestad al respecto. El ministro de Relaciones Exteriores había urgido a siete gobiernos sudamericanos a que coordinaran sus trabajos en la búsqueda, tarea que, hasta el momento, había resultado de imposible cumplimiento. Cada gobierno culpaba al vecino.

En los Estados Unidos, la expectación no era menor. El director del *Herald,* en gesto de generosidad sin precedentes, había ofrecido públicamente una recompensa de cien mil dólares, para el ciudadano norteamericano que encontrara al doctor Bluestone, vivo o muerto.

El conocido reportero del *Herald,* Mr. T. D. Morley, había encabezado una gigantesca expedición costeada por el periódico, con todos los recursos de la ciencia y de la técnica. Si alguien era capaz de hallar al doctor Bluestone, o siquiera a su esqueleto, éste era Mr. T. D. Morley, para muchos el primer reportero de habla inglesa, vale decir del mundo. Mr. Morley, *a self made man,* había convivido tres años con las más feroces tribus del Far West, sin haber perdido siquiera su hermosa cabellera. Autor del sensacional best seller *Mi vida entre los sioux y el bisonte,* escrito en colaboración con el jefe Oso Bravo. Y del tratado científico: *Reporte sobre las costumbres sexuales de los mormones,* con 114 ilustraciones gráficas. El libro de mayor venta en los Estados Unidos después de la Biblia.

La expedición al Amazonas, que comenzara bajo los

mejores auspicios y el patrocinio de la Secretaría de Estado, hubo de terminar, tristemente malograda, cuando Mr. Morley fuera devorado por las pirañas en el paso del Ventuari.

Meditaba Lord Fry leyendo con devoción la cotización de la Bolsa. La situación de la compañía inversionista *La Coleta de Oro,* no andaba muy bien. Más de un diputado de fastidiosa conciencia y varias personalidades religiosas habían preguntado si era justo que los cañoneros británicos anclaran en el Río de las Perlas, para proteger la venta de opio a los chinos. Esperaba Lord Fry que, si podía unir su nombre al rescate del doctor Bluestone del infierno verde, sus credenciales cristianas y el buen nombre de la compañía quedarían definitivamente establecidas. Al menos hasta el próximo negocio.

—¿Y cree usted que está vivo, Excelencia?
—Milord, le contestaré como hablan nuestros indios: ¿Y quién sabe?
Claro está que a este bárbaro de habla española que tengo delante de mí, estas cosas no le interesan. Encontraré otras maneras de despertar sus instintos de torero en taparrabos.

La Yacumama

Árboles, lianas, árboles.

—¡Qué rama más interesante! Desconocida en Inglaterra. ¡Fantástico colorido! Hará un magnífico *souvenir* —acercó la mano enguantada.

—¡Cuidado, milord! —Se escucha un disparo.

Brinco de Lord Fry. Sobresaltos. Exclamaciones. Era la rama un reptil de dieciocho pies, cabeza volada del disparo.

Había hecho fuego el coronel Méndez. Consuela al alterado milord: —Quince segundos es lo que necesita una yacumama de las grandecitas —sonrió obsequioso— para aplicarle al más inocente la pena de garrote sin apelación al Tribunal Supremo. Tienen una manera de triturar los huesos de la nuca altamente técnica. Un solo crujido sordo.

—No yo, cualquiera en su sano juicio —resopla el empalidecido milord— hubiera jurado que se trataba de una rama de hermosura sin par.

—Hermosas son, lo que estrangulan. Aguce la pupila, milord, si aspira a regresar a Inglaterra. La naturaleza en la selva borra todas las diferencias que nos ofrecen seguridad en la vida: Entre mineral y planta, planta y animal, animal y hombre, hombre y diablo, diablo y dios.

—¡Monstruoso!

—El instinto de conservación es hipócrita. Se disfraza para devorar.

—En eso me recuerda la City, no crea usted —contesta milord haciendo un valiente esfuerzo por llamar en su socorro al humor británico.

—Tiene usted razón, pero el riesgo aquí no es la pérdida económica sino del pescuezo. No hay la segunda oportunidad para el hombre de empresa. Oiga mi consejo, milord. Nunca toque nada sin explorarlo primero con la punta del machete. Y ni entonces si puede evitarlo.

El Supremísimo se había acercado al sonido del disparo: —Que le despellejen la yacumama. Un regalo de la selva para Lady Fry. Lindo tapado. La boa se está llevando mucho en el teatro de Europa. Cuando una mujer se la pone, no sabe lo que cuesta. Más que la de Adán y Eva.

Uno de los guías, indio bora «reducido», comenzó, machete corto en mano, a desollar con exquisito cuidado, la serpiente.

—Sospeche usted, milord, de lo que parece ser —continuó el coronel Méndez—. Nada más peligroso que creer que es verdad. Desconfíe de sus sentidos y de su razón, si todavía funciona. Piense en la realidad como en una trampa. Pero tampoco cometa el error de confiar en lo que no parece. Si me explico: Un caimán parece un tronco muerto en el río; pero también, a veces, parece un caimán y es un caimán y muerde.

—Se pierde siempre —milord se seca el sudor con pañuelo de lino irlandés.

—Pues sí.

¿Para qué me habré metido en esto?, infierno pegajoso e inacabable, indios asquerosos, militares sarcásticos, Supremísimo enloquecido y delirante que habla a solas con Napoleón, o eso me parece a mí, tal vez sea yo el loco, si Bluestone quería desaparecer para siempre, que desapareciera, si se lo tragó una yacumama en la selva no hay Jonás, y de negocios: diamantes en este país no deben ni brillar, ¿caucho? ¡y lo que debe de costar sacarlo de aquí! Ya dice el refrán que a la avaricia le dan por el saco. Los ferrocarriles y el opio eran negocios nobles, establecidos, no había más que cortar cupones y dejar que el humo corriera libremente. El bora, machete filoso, collar de dientes de pecarí, un guayuco en la cintura por vestimenta, el pecho laboriosamente tatuado en figura de pájaro mitológico con seis patas y dos cabezas, la cara pintada de rojo de achiote, sorpresivamente interrumpe las meditaciones, ofreciéndole en la mano un poco de empella de boa, que milord rechaza ultrajado, profiriendo en correcto inglés palabras bien obscenas.

—No lo culpe, milord —interviene, conciliador, el coronel—, el bora quiso tener con usted un gesto delicado. La manteca de yacumama es remedio infalible contra el mal de ojo. El indio creyó de buena fe que usted quería frotársela. También tiene otros usos que no me atrevo a decirle.

Lord Fry, el casco de explorador temblequeante, cayó en una severa depresión mental, de la que, minutos después, lo sacude el pavor cuando escucha decir al coronel:

—¿Ve usted esa ramita, milord?

El coronel la tocó con el machete y la ramita salió volando.

—Dígame qué diablos era.

—El insecto palo. Otra maravilla de la naturaleza en América. Fúsmido, creo que lo llamó el doctor Bluestone. Los pobres indios no saben el nombre científico, pero no lo tocan. El doctor Bluestone tuvo el dedo tres semanas hinchado. El capitán Fontanals, médico militar, quería cortárselo.

—Coronel: voy a tener miedo hasta de meterme la mano en el bolsillo.

—Y hará bien. Aquí hay unos insectos que se especializan en bolsillos. Los colonos los llaman —con perdón— ministros.

En acto reflejo de hombre económico, milord contó, apresuradamente, las libras esterlinas. El coronel Méndez sonrió con pericia de baquiano curtido en la selva y en la administración de la cosa pública.

Prosiguió el coronel, en tono meditabundo, hablando más con los árboles cuyas hojas rozaban la frente, que con su interlocutor: —Contemple las formas de la Mamá Naturaleza en la selva, tan tiernecita ella, y verá usted la faena que Adán y Eva nos hicieron cuando los desahuciaron del paraíso. Ríase usted de esos novelones franceses de amor arruinado por naturaleza tarada en la virgen sifilítica. Amoroso y creador es como se siente uno en la selva, en medio de tanto monstruo benévolo. Y recuerde que si su Darwin y esos otros señores que saben tienen razón, la selva, en fin de cuentas, somos nosotros mismos.

Los hermanos Calzones

¡El Oriente! ¡La tierra de las aventuras y los peligros! ¡De la muerte implacable! ¡De los hombres más machos que otros!

Tierra de noche eterna, donde árboles gigantescos cierran el paso al sol. Morada de crueles fantasmas, donde junto a Sianahú y Numenú, diablo y dios de los bosques, moran los espíritus sin paz de Orellana, Pedro de Urzúa y su amante, la bella Inés de Atienza; Lope de Aguirre y la Torralba, bragada prostituta baturra; Fernando de Guzmán, la espada de Sevilla que enmoheció en la selva; Francisco de Carbajal —nieto de papas, según la leyenda, por la alcoba de César Borgia— conocido por el sobrenombre de *El Demonio de los Andes.* El que no más se asomara a la selva y prefiriera dar marcha atrás para ser ejecutado.

El Oriente, donde la vida y el honor pertenecen al más macho. En San Felipe del Montuari —pueblo fundado en honor del monarca Felipe II— ha ejercido, por casi medio siglo, el señorío indisputable una familia feudal, señores de horca, cuchillo y casabe: ¡Los hermanos Calzones!

Silverio Ángel Calzones, el fundador de la familia, fue secretario de juzgado durante el gobierno colonial. Era entonces San Felipe del Montuari la puerta por la que el virreinato se asomaba con timidez al infierno verde. Puerta que casi siempre solía mantenerse cerrada, salvo alguna que otra expedición contra los portugueses del Brasil, aliados de la Gran Bretaña. Aparte de esto, el pueblo sobremoría una existencia lánguida —de plátano cocido y hamaca— a orillas del Montuari, afluente seminavegable, si uno sabía sortear los rápidos, de otro afluente paranavegable, que al fin vomitaba en el Amazonas. Maderas, pieles, animales feroces en jaula y servicio a la administración eran las únicas oportunidades económicas de ganarse el casabe nuestro de cada día.

La vocación definitiva de Silverio Ángel era la administración de la cosa pública. Cuando comenzaron juntas y tropiezos, de precaria existencia, Silverio Ángel Calzones proclamó a Fernando VII en la explanada del malecón del puerto, donde las tardes de canícula subían del río, cubiertos de fango, a tomar la sombra bajo los mangos, corpulentos caimanes. Doce años más tarde, Silverio proclamó: «¡Independencia o Muerte!». Para entonces había ya adquirido —en juicios de deslinde y abintestatos— cierta independencia económica. Desahogo que le permitía mantener siete mujeres blancas, dos cholas y algunas indias.

La República olvidó a San Felipe del Montuari y su inmenso distrito, aún más que el virreinato. Olvido al que no fue ajeno el poder de maniobra, más trampero que sangriento, de don Silverio. A mí que me dejen tranquilo los de la capital y yo apoyo al que tenga el poder allá, me da igual; pero aquí el poder se llama Don Silverio Ángel Calzones. Ocupados en guerras civiles, y ocasionalmente en desvalijar el tesoro público, los presidentes surtidos se contentaron con tener a San Felipe del Montuari, coloreado en el mapa con el mismo color del resto del país. Este poder absoluto, feudo de caimanes, fue el que Calzones transmitió, *in articulo mortis,* a Juan Pedro, Juan Ramón y Juan Jota, hijos todos de distintas madres, tributarias del derecho de pernada.

—Hijos, manteneos unidos y no os ocupéis de cuestiones de política, que son la perdición del hombre en este mundo y en el otro. Lucifer era político. Trató de darle un golpe militar a Nuestro Señor y sabéis lo que le pasó.

—Pero, papá —preguntó Juan Pedro, que despuntaba de líder—, ¿debemos abandonar el gobierno de San Felipe?

—Claro que no, pero ésas son cuestiones de familia, mentecato.

A San Felipe del Montuari, una mañana de crudo

verano, arribó la expedición promotora del desarrollo. Sufría el milord de disentería amebiana y cólicos miserere, y tuvo que ser hospitalizado en el hospital de leprosos, única facilidad sanitaria con que contaba la capital de distrito. Aunque por desgracia no había excusado, uno de los Calzones tuvo la delicadeza de ofrecerle su orinal de porcelana, importado de París. Un adminúculo de copiosas proporciones, fabricado en Limoges y artísticamente esmaltado con un castillo de almenas, una marquesa lánguida y rubia, un pastor de noble porte, galgo, venado y cisne.

El Supremísimo se alojó en el Palacio Municipal, una construcción de cal y ladrillo, con techo de yaguas, que daba al río, fangoso, sucio, maloliente, infestado.

¡Juan Pedro Calzones! Con temor supersticioso era pronunciado su nombre, desde la ceja de montaña hasta las cabeceras del Suruari enrojecidas de sangre de mitayos, desde San Felipe hasta más allá de la raya fronteriza con el Brasil.

¡Juan Pedro Calzones! Azote y bendición, el émulo de los machos y el sueño de las mujeres en las noches tibias del malecón. —Palmas de Oro en el concurso de poesía organizado por el Muy Honorable y Leal Ayuntamiento de San Felipe del Montuari.

La consagración de Juan Pedro Calzones en el mundo de la épica ocurrió en virtud de los hechos, hoy aclarados, que rodearon a Rosa Inés Zorrilla, la flor del Montuari. Desde los diez años, Rosa Inés crecía para princesa; a los quince, los aspirantes a su mano y etcétera viajaban tres, cuatro semanas en bongo, de todas partes del Oriente, por el placer de anotar un vals criollo en su carnet de baile. Como decía el cronista social del mensuario *El Clarín del Montuari,* Rosa Inés unía a una cara de ángel cristiano, el cuerpo de una hurí del paraíso de Mahoma.

Con motivo de las festividades de San Felipe, patrono del pueblo, hubo pelea de gallos y se sacrificaron dos toros por Jesús Montoya, el *Niño del Amazonas*. Los Zorrilla, poderosos traficantes en madera y pieles, ofrecieron un gran baile en su mansión, por aquel entonces, rival, en lujo y señorío, del Palacio de los Calzones. Juan Pedro fue invitado en su carácter de alcalde del pueblo, jefe civil del distrito y representante vitalicio del poder central.

Hasta el mayor de los Calzones se sentía tímido colegial al aproximarse a la reina de la selva: —Rosa Inés, ¿me quieres anotar para un valsecito en tu carnet?

—Juan Pedro, lo siento de veras, chico, pero los valsecitos están todos ocupados.

—¿Y una cumbia?, bomboncito.

—Papá no me la deja bailar. Eso es cosa de negros y blanquitos sucios.

—Rosa Inés, niña, mira que me tienes loco, ¿no tendrás alguna otra cosita por ahí?

—Deja ver.

—Tírame algo, anda.

—Estoy mirando los minués. A ver —contempló con calmosa delectación el carnet de baile encuadernado en piel de venado—, Rodolfito, Pedro el Gago, Luisito, Lucho, Samuelcito... no, Juan Pedro, no hay nada, perdona por Dios, si me hubieras hablado hace cinco minutos... ¿ves?, fíjate en el carnet —Juan Pedro, involuntariamente, contempló los rasgos de caligrafía gótica, primorosamente dibujada— fíjate, Alfonsito Paredes fue el último en anotar... tan mono que es.

—Rosa Inés, Rosa Inés.

—No te pongas así, Juan Pedro, chico. Verás, te voy a poner en lista de espera.

El caudillo del Montuari juró vengar la ofensa con sangre.

—Mía o de naide —proclamó en la plaza de toros con motivo de la toma de posesión del nuevo consejo municipal.

Seis meses más tarde se anunciaron las bodas de la encantadora *poupée*, Rosa Inés María Zorrilla de Sanlúcar y don Rodolfo Hurtado y del Corral, el acaudalado ganadero y contratista, tan nombrado.

Al salir de la iglesia, mientras el pueblo tiraba arroz y los indios lo recogían, el alcalde tiró del revólver.

Atravesada en la montura, Juan Pedro se llevó a Rosa Inés, abandonando en la puerta de la iglesia el traje de novia.

Su reputación de hombre macho quedó establecida.

A Juan Jota, el tercero de los Calzones, le llamaban el tarambano. Su trabajo principal era la cacería de mujeres al pelo, el aguardiente de cañas y las riñas. Tenía cría de gallos finos. En ocasiones, solía supervisar el trabajo de las lavanderas a orillas del río. Cazaba tigres con lazo, pájaros con liga, mujeres con plata o pico. Sus proezas amorosas eran leyendas de narración obligada en la boga del bongo y el fuego del campamento, desde los Andes al Pará, desde el Cuyuni al Mamoré. Se aseguraba que en una ocasión penetró solo en un nido de caimanes, sin más armas que un lazo, para regalarle a su novia una cartera de piel por su cumpleaños.

Juan Ramón Calzones era el intelectual de la familia. Educado cuatro años en Alemania, había desarrollado la teoría del Super-Macho.

El caimán de su honra

—¡Qué falta de respeto! Le aseguro a usted, coronel, que esos empingorotados Calzones lo han hecho con intenciones vesánicas. ¡Aposentar al Primer Mandatario de la Nación en una casucha con techo de yaguas!

—Es que no hay una sola casa en el pueblo que tenga otro techo, salvo el Palacio de los Calzones.

—Pues tenían que haberse ido ellos de ahí y dejárnoslo a nosotros. Somos los huéspedes. Y huéspedes Supremísimos.

—No cabe duda de que el techo de yaguas es el más fresco en este clima infernal. Si bien atrae algunos insectos, Supremísimo, y ocasionalmente serpientes venenosas.

—Si no es que a mí me importen las yaguas ni las culebras. Lo que me importa es el honor. ¡Cómo le van a hacer esto al Supremísimo!

—Si quiere mi opinión franca, sin tapujos...

—Para eso lo he mandado a llamar, coronel.

—Es la manera de decirnos que aquí los Supremísimos son ellos: los tres Calzones.

—A mí el que me hiere el honor, me la paga. Sin honor, el gobierno de la República no es más que la administración de una lechería y un burdel.

—Reconozco que hay que hacer algo, pero recomiendo prudencia. Es fama que los Calzones los tienen muy bien puestos.

—Dejaremos la justicia para otra oportunidad más ventajosa. No es una señora tan ciega como la pintan. Y en estas latitudes tiene tres ojos abiertos para los Calzones. Pero es un hecho histórico que ningún país ha alcanzado la grandeza sin destruir previamente el poder feudal. Algún día limpiaré los Calzones en la capital sin ayuda del tintorero. Y dígame, coronel, ¿cómo anda milord de sus intestinos?

—Ha perdido mucho peso, pero está mejorando.

—Mire, coronel, de todas maneras me va a llamar a ese degenerado de Juan Pedro Calzones. Dígale que el Supremísimo quiere verlo. Me hace el favor de decirle la palabra toda con mayúsculas.

Hora y media más tarde, jaque y flamenco, se aparece, mascando semillas de café tostadas, sombrero alón, espuelas de oro, el señor del Montuari.

—¿Qué tal sus habitaciones, señor Presidente? Es lo más fresco para la siesta —señaló para el techo—. Después de la odisea selvática, decía mi padre, lo que más se apetece es el fresco, la paz y la tranquilidad del cuerpo y del alma.

—Se lo agradezco de todo corazón y espero tener la oportunidad, don Calzones, de devolverle algún día el servicio en la capital, donde será invitado de honor del Gobierno.

—Pues el favor se agradece desde las mismísimas entrañas, pero será pa rato, porque a la capital ni yo ni mis hermanos vamos. También es un consejo de papá —elevó los ojos al cielo—. Y es que con tanto tiempo viviendo aquí, el aire de la costa nos daña los pulmones. Es lo que llaman un andancio que corre en la familia.

—Entonces, ni se preocupe, señor alcalde, que ya la Patria agradecida encontrará otros medios de premiar sus desvelos. Pero la razón de llamarlo no era conversar de habitaciones, circunstancias materiales que poco preocupan al guerrero de honor, avezado a la campaña —sonrisa hipócrita de a-mí-qué-me-importa— quería que usted me dijera qué se sabe en el distrito del paradero del doctor Bluestone, por algo son ustedes el puerto de la selva.

—¿Quién dice usted, señor Presidente?
—El doctor Bluestone, señor alcalde.
—Primera vez que lo oigo mentar en mi vida.
—¡Pero si es el afamado científico...!
—¡Ah!, caramba, si se referirá usted al gringo de las yerbitas... Así lo llamamos por aquí; siempre recogiendo bejucos y cazando arañas peludas. La última vez que lo vi fue aquí cerquitica, quince o veinte metros de donde estamos platicando. Junto al río. Estaba muy concentrado, se veía que era hombre de conocimientos y sabiduría, ahí mismitico —señala con el índice hacia la ventana de podrido marco—, como si lo estuviera viendo como a usted —mueve los brazos hacia el Supremísimo en gesto de abrumadora cordialidad— aprestando la red para cazar una mariposa verde posada sobre el lomo de un caimán.

—No están cooperando —dijo horas más tarde, con moderación inglesa, Lord Fry, ya en rápido proceso de recuperación orgánica. Y procedió a trasladar, metódicamente, al Supremísimo una lista imponente de quejas—. Se niegan a dar razón alguna del doctor Bluestone y estoy seguro de que tienen sus razones para ello. El doctor Bluestone era —es, espero—, a más de genio científico, un filántropo. Por años ha venido denunciando a la Sociedad Geográfica de Londres los abusos que los Calzones y otros bárbaros como ellos cometen en la selva a título de hombres machos.

—¿Los cree responsables de...? Con alguien que habla inglés no se atreverían.

—Tal vez no, pero son hostiles. Me he enterado por el barbero del pueblo de que los Calzones han sabido del caucho, dicen que si el jebe va a ser riqueza que la riqueza es de ellos, que cualquier otra cosa sería mamadera de gallos. Así dijeron.

Esa noche, la tranquilidad y paz del Supremísimo fue perturbada por un ruido escapado del Apocalipsis según san Juan. Brincó de la cama, corrió de la habitación en calzoncillos, sable, revólver, y banda presidencial al pecho.

—¿Ha oído eso, coronel? Nos atacan las tribus. Toque a alarma de combate.

—No hay nada que hacer, Supremísimo, es la canción de claro de luna de los caimanes.

—¡Caimanes!

—Por la noche salen del río a cazar comida o caricias. Lo que ha oído usted es un soneto de amor. Garcilaso o Petrarca.

Noche desvelada. A la mañana siguiente, el Primer Mandatario requirió a sus habitaciones al coronel.

—Me mudo de esta pocilga, pero deje la cama. Dormiré en una hamaca, lo más lejos posible del suelo.

Minutos más tarde llamó al sargento de coraceros, José Tello Calderón.

—Pepito, me dice el coronel que tú procedes de la selva.

—Pues sí, mi Supremísimo, yo y todos mis hermanos, nacidos y criados en el mismitico Oriente, pues.

—¿Es verdad que tu padre era cazador de caimanes?

—Pues de eso comíamos, vendía las pieles al turquito de los abarrotes, catorce hijos que crió mi padre y en casa nunca faltó el casabe, nos vinimos a la capital cuando papá estaba demasiado viejo para el trabajo y yo entré en la milicia, pues, y luego, mi Supremísimo, pues usted me incorporó a los coraceros, que la Virgen Santísima se lo pague, y luego pues...

—Está bien, Pepito, está bien, y tú, como buen hijo, ¿habrás ayudado a tu padre en la producción?

—Desde los nueve años pues, cuando un caimán se tragó a Juancito, que en paz descanse pues, que era el que ayudaba antes; pero ya le digo que yo he tenido suerte en la vida.

—Pepito, vas a tener mucha; no más, Pepito, serás el teniente de coraceros don José Tello Calderón, me vas a cazar dos caimancitos de los gordos, lo que tienen que ser hembritas, las dos, y de quince pies por lo bajo. No, si sé lo que me vas a decir: que estás fuera de práctica, pero búscate todos los auxiliares que necesites, la compañía entera —gritó, accionó, bufó—, si te hace falta. No me falles, Calderón: es una orden.

—¿Qué tu crees del ultraje inferido a la majestad del Poder, Napoleón? ¡Ay honor, mucho tenemos que hablar a solas los dos!

—¿Y qué tal pasó la noche, señor Presidente?
—Juan Pedro Calzones no despegaba de los labios la sonrisa chulesca.

—Pues dormí a las mil maravillas, amigo Calzones. Como no pensé nunca que se podría dormir en la selva.

Cama caliente. Me acompañaron un par de cholitas de primavera— el Supremísimo se besó la punta de los dedos.

—Hombre, pues no sabía... ¿las trajo usted consigo de la capital?

—No, son bellezas locales; y como le digo, dos piezas de miedo.

—Óigame, pues si son de aquí, la verdad... es que es difícil que haya algo que valga la pena y yo, como si dijéramos, pues no lo conozca. Y realmente pues...

—Pues me las consiguió el teniente Calderón, que es muy sabido. Le advierto —agita los puños con animación— que son dos hembras imponentes.

—Hombre...

—Y escúcheme, amigo Juan Pedro, yo sé lo que está pasando entre nosotros; no, no me interrumpa que no hay nada en este país que me sea ajeno. Y créame, Juan Pedro, que yo no soy la persona que usted se imagina. Si el jebe da dinero, cosa que está de por ver, habrá jebe para todos. El Supremísimo es Amor. Y el Gobierno Central no puede prescindir, lo sabe bien, de los Calzones en la selva.

—Mire usted, Supremísimo... nosotros, salvo Juan Ramón, tal vez seamos brutos como dicen los señoritos de la ciudad, pero somos gente sincera. No queremos otra cosa que el que nos dejen cultivar en paz nuestro conuco. Eso sí: somos hombres machos. Es fama que los Calzones, desde el tiempo de papá que en gloria esté, no se han rajado nunca.

—Usted tiene reservas, Juan Pedro, y cree que el Supremísimo es hombre incapaz de compartir —expresión facial de amistad herida, unos segundos de silencio y mirar al suelo—. Y todo lo contrario, amigo Calzones, vea usted si le tengo voluntad que le propongo que hablemos a calzón quitado.

—Así gustan aquí los hombres: sinceros y machos. Sin duda se ganará usted la voluntad del pueblo, Supremísimo.

—Juan Pedro, nada para sellar una amistad como una juerga entre amigos. Esto es el fin de las inhibiciones entre las autoridades de San Felipe y el Poder Central —abre los brazos en gesto de reivindicaciones de masas— Juan Pedro, vamos a compartir las cholitas.

—Pues hombre, Supremísimo... a la verdad —a Calzones le brillan los ojos— si no se lo dije por eso...

—Ni una palabra más, compadre —le palmea cariñosamente las espaldas— si se le ve en la cara, si en la capital todos le envidiamos, si conocemos su reputación —ji, ji— y ¿sabe usted como le llaman las bellas de la aristocracia? El villanazo del Amazonas.

Sonrisa de hombre chévere. —Pues le digo una cosa, Supremísimo, las aristócratas están equivocadas porque yo, en esa materia tengo por norma —se golpea el esternón vigorosamente— siempre, desde los trece años y medio, que la que no quiere —hace un gesto de perdonasexos— pues no quiere.

—Estas dos quieren, palabra de Supremísimo, ¡si hasta me lo confesaron anoche! Están metidísimas con usted —sacude en alto los brazos en espasmo anticipante— le reconozco que, de momento, yo hasta me enfadé, que si Juan Pedro por aquí, Calzones por allá... —hace pucheros de hombre celoso—. Esperan en mi cuarto, encerraditas —se frota las manos— el teniente Calderón tendrá mucho gusto en conducirlo hasta la puerta. Tiene mucha experiencia en estas cosas. Y es sumamente discreto en cuestiones de faldas. Aunque le confesaré que estas dos están sin ellas, para entrar rápidamente en confianza.

—Pues así debe ser la verdadera hembra, sin falsos pudores —se agita desasosegado, trémulo, convulso— a mí en estas cosas siempre me ha gustado ir al grano —hace un gesto que no pasó la censura—. Lo principal entre los sexos es evitar el malentendido. Entre adultos todo está permitido.

Marcha, ya algo sobreexcitado, hacia la alcoba.

—Un consejo final, amigo Calzones: No me las vaya a estrujar mucho, que tienen una piel fantástica.

La Relación de don Ramiro

El Supremísimo almorzó puerco asado: su plato favorito; papa a la huancaina, postre (mazamorra morada con canela), vino, pan y café. Se reclinó en un sillón de caoba y rejilla, puso los pies sobre un taburete de piel de buey y encendió una corona. —*C'est la vie*, coronel.

Conversó, animadamente con Napoleón mientras perseguía con los ojos el humo del habano. De repente, saltó del sillón y llamó al coronel, que se había retirado, discretamente, durante la discusión de los dos Mayúsculos Líderes.

—Coronel Méndez, llámeme a la maestrica del pueblo. Estoy seguro de que haría cualquier cosa por un traslado a mejores aires.

Esa tarde los niños salieron de la escuela cantando:

*Tres eran tres
hermanos Calzones
tres eran tres
los tres maricones.*

Seguía a los niños acompañamiento musical, la banda del regimiento de coraceros, a los acordes de *Las tres hijas de Elena.*

Juan Ramón y Juan Jota huyeron esa misma tarde a uña de potro de llanero. En San Felipe del Montuari no se ha vuelto a saber más de ellos.

¡Se los tragó la selva!

A nueve kilómetros río abajo de San Felipe del Montuari, se alza el monasterio de San Pedro. El convento más viejo de la hoya amazónica. Una mole de arquitectura medieval que brota, sobrecogiendo al viajero, de entre los árboles de la selva. Fundado en la cuarta década del siglo XVI, en cumplimiento de una promesa que, para vencer a Francisco de Carbajal, *el Demonio de los Andes,* hiciera, según se dice, el presidente de la Audiencia, don Pedro de la Gasca, a su santo patrono.

Hoy en día, el monasterio no es ni sombra del pasado esplendor. Por siglos, sus riquezas fueron el mejor muestrario de lo que la selva podía dar o serle arrancado. Durante la guerra de Independencia fue saqueado alternativamente por realistas y revolucionarios, que en cada instancia acusaban del hecho a la otra parte para la que reclamaban castigos eternos.

También en esa época resultó asesinado, en forma misteriosa, el prior, don Sabás, de quien aseguró la Inquisición, en uno de sus últimos pronunciamientos en América, que tenía tratos con los espíritus de la selva, y, específicamente, con Belial, señor de las moscas.

El actual prior, don Celestino del Río, era personaje muy diferente; de gran ilustración e ideas progresistas; bienquisto de la comunidad y del pueblo de San Felipe. Estudioso de la historia y de la biología, era considerado una autoridad en la hoya amazónica. Ansioso de averiguar más información sobre Doña Esperanza, la diosa blanca de la selva, el Supremísimo decidió hacerle una visita confidencial.

El monasterio los impresionó a todos. En un claro que a duras penas se mantenía contra la invasión de árboles gigantescos, arbustos, plantas parásitas, hormigueros de varios pisos, vinieron a dar en la maciza construcción de piedra de cantería, sólida arquitectura románica, que, en el escenario bárbaro, parecía un fantástico monstruo prehistórico escapado de la evolución de las especies. El costado sur era lamido por las aguas verdosas del río y servía de cloaca y vertedero, animado por el tradicional concierto de caimanes.

Se aproximaron en supersticioso silencio. No parecía haber un alma salvo los saurios, que jugaban a la gallinita ciega en el fango. El coronel Arsenio Méndez, tras un momento de prudencia, tocó el cordón de la campana, que devolvió un sonido de siglos cansados. Abrió la puerta un hermano anciano de incipiente joroba. La paz del Señor sea con vosotros. El Supremísimo se sintió algo molesto de no ser recibido con más honroso saludo. El prior los espera. Seguidme. El coronel Méndez, por no saber qué hacer, se santiguó. Estos católicos son supersticiosos y además no demasiado higiénicos —se dijo Lord Fry impresionado en su olfato por el aroma de siglos que atribuyó al hábito frailuno y que era en realidad labor de los caimanes vecinos, que habían comenzado a devorar una vaca secuestrada del corral que, para leche fresca de los niños de la doctrina, pertenecientes a las mejores familias de San Felipe, mantenía la comunidad.

La presencia de Fray Celestino disipó la impresión temerosa que habían sufrido a la entrada. Era bajito, mofletudo y regordete con sonrisa de concejal del ayuntamiento en vísperas de elecciones. Al Supremísimo le hizo todas las genuflexiones y arrumacos inherentes a su cargo, lo que tranquilizó al Primer Magistrado en punto de honra. A los demás, les dio la mano a besar. Lord Fry se la estrechó anglicanamente y, con cierto disimulo, se frotó, luego, la propia, con el pañuelo.

El hermano de la joroba sirvió leche de coco con ron en jícaras de oro que, enterradas junto a los candelabros, escaparon el saqueo del general Lucilo Romuáldez en la guerra de Independencia.

Enterado del objeto de la visita, explicó Fray Celestino:

—Nuestro monasterio ha sido, por siglos, el último signo de vida civilizada que despide al viajero que se atreve a penetrar allí —señaló, el índice agresivo, hacia los árboles que amenazaban a cinco metros del convento— también el primer hospital que acoge al malaventurado que, tras increíbles sufrimientos, escapa de ese bien llamado infierno verde. Infierno de este mundo que, en mi pobre opinión, Nuestro Señor situó en nuestro planeta, para que no perdiéramos de vista el otro.

Estos curas papistas nunca perdonan el sermón de las postrimerías. No en balde este país está en la Edad Media. Y algunos aseguran que hasta un poco más atrás —sonrió, condescendientemente, Lord Fry, mientras mantenía una cortés actitud de interesada atención.

A Fray Celestino no se le escapó la sonrisa, que aceptó con resignación mientras continuaba su charla:
—...en cuanto a las amazonas, princesas nativas, cacicas, ciudades misteriosas, peligros contra el sexto que acechan al viajero, los supongo familiarizados con Fray Gaspar de Carvajal...

—¿Se refiere a la *Relación del Nuevo Descubrimiento del famoso río Grande de las Amazonas*? —intervino el coronel Méndez, ansioso de demostrar al Supremísimo que había estudiado la tarea.

—Desde luego, queridos hijos. Y aunque estoy seguro de que la conocéis, no estaría de más refrescaros la memoria, en especial la del caballero luterano.

—Anglicano —protestó milord, algo amoscado.

El prior de San Pedro, alcanzó del estante de caoba, un antiquísimo tomo encuadernado en piel de caimán y leyó, saltando párrafos, particulares pertinentes de la *Relación* de Fray Gaspar:

Quiero que sepan cuál fue la causa por donde estos indios se defendían de tal manera. Han de saber que ellos son sujetos y tributarios a las amazonas... Estas mujeres son muy altas y blancas y tienen el cabello muy largo entrenzado y revuelto a la cabeza, andaban desnudas en cueros... El capitán preguntó que si estas mujeres eran muchas; el indio dijo que sí y que él sabía por nombre setenta pueblos y que en algunos había estado, y contólos delante de los que allí estábamos. El capitán le dijo que si estos pueblos eran de paja; el indio le dijo que no, sino de piedra y con sus puertas, y que de un pueblo a otro iban caminos cercados de una parte y de otra y a trechos por ellos puertas donde estaban guardas para cobrar derechos de los que entran. —Sonrió Fray Celestino con una cálida sonrisa y al mismo tiempo serena, que hasta el disgustado milord infundió confianza—. Para terminar, leyó el prior: *...todas estas mujeres tienen una por señora principal a quien obedecen, que se llama Coñori.*[1] —Cerró el libro y lo devolvió al polvoriento estante marcado en letras rojas: Obras profanas.

Lord Fry rompió el mágico silencio: —Y eso que usted ha leído ¿de cuándo es?

—La expedición del capitán de las huestes de Pizarro, don Francisco de Orellana, descubridor del río Amazonas, y Fray Gaspar de Carvajal, su inmortal cronista, comenzó en 1541 y finalizó en 1542 —indicó Fray Celestino.

—En aquella época las cosas eran distintas —respondió el milord con cortesía entreverada de displicencia.

—No crea —inmortal sonrisa de Fray Celestino— en la selva trescientos años es como un fin de semana en Londres o New York.

—No hay dificultad alguna en que este régimen de princesas mestizas haya llegado a mantenerse por igual tiempo que la corona británica —aseguró el coronel Méndez.

---

1. Nota al escéptico: El nombre de la reina de las Amazonas es el correcto, extremo que confirma José Toribio Medina en *Descubrimiento del Río de las Amazonas* (según la *Relación* hasta ahora inédita de Fray Gaspar de Carvajal), Sevilla, 1894, Imprenta de E. Rasco, Bustos Tavera núm. 1. José Toribio —nos lo aclara el frontispicio de la edición sevillana— es Miembro de la Academia Chilena, Correspondiente de las Reales Academias de la Lengua y de la Historia, de la de Buenas Letras de Sevilla y del Instituto Geográfico Argentino. Es lógico suponer que una copia del manuscrito de Fray Carvajal, vertido al castellano moderno por los monjes, se conservara en el monasterio de San Pedro.

—De Fray Gaspar de Carvajal ya sabíamos todo lo que buenamente se puede saber, salvo si era un mentiroso, un héroe —la expedición le costó literalmente un ojo de la cara, quedó tuerto de un flechazo— o un iluso —comentó, pensativo, el Supremísimo—. Hemos usado su maravillosa *Relación* para confirmar nuestros derechos en el conflicto de límites. En realidad, padre Celestino, a usted puedo confesarle que, en esta expedición nos mueve el deseo de reclamar para la Patria una extensión mayor que Inglaterra y Holanda juntas. En el siglo XVII nos entró la flojera y la estamos pagando ahora: perdimos la mitad de la selva.

—Concuerdo con su criterio y sus esfuerzos, Supremísimo —la mano suave de Fray Celestino recorrió los estantes acariciando siglos—; aquí tengo algo extraordinario, el fragmento de un manuscrito que siempre se ha considerado perdido, tal vez el más valioso documento histórico de esta parte del continente, y sin duda el primer monumento literario escrito de estos diez millones de kilómetros cuadrados del infierno verde.

—No puedo creer que tengamos en la mano la *Relación de don Ramiro* —el coronel Méndez estaba visiblemente emocionado.

—Veo, coronel, que une usted a las armas, las letras, virtud no siempre presente en nuestro campo de Marte. Efectivamente, señores, tengo el honor de mostraros lo único que queda en este mundo del inmortal manuscrito: *Relación de los esforzados trabaxos e incredibles andanças del capitán don Ramiro de Cáceres, el de la ardiente espada, e sus mui arrestados compañeros, en busca del marabilloso reyno de las Mugeres Amazonas con otras cosas que en ella veerá quien las leyere.*

—No puedo creerlo, había sido destruido —balbució el coronel—. Esto es lo que siempre se ha asegurado en la selva.

—La comprensión humana y el afán de cultura salvaron este fragmento de la hoguera.

—Cuéntemelo todo —el Supremísimo se inclina, ansioso, en la punta del butacón Carlos V.

—Permitidme, primero, que deje hablar al manuscrito. Dejadme leeros un fragmento:

...Y en aquesa sazón hobimos nueva questaban cabe la ribera de un río muy hondoso, dos mill e tantos indios bravos de losque en aqueste logar han por cazadores de cabezas homanas e questaban aguardándonos para trabar combate i desque aquesto oió el nuestro capitán, el esforzado don Ramiro de Cáceres, non se las había por la impaciencia en acometellos si non se avenían en hacer profesión de fe cristiana e prestar obediencia e acatamiento al Rey Nuestro Señor.

E así hobimos de encaminarnos río abaxo hasta el logar de la selva en que se mamparaban los infieles questaban tañendo trompetillas, atabalejos e caracoles para se animar e impetrar al diablo, su condenado señor, el logro de la vitoria. E desque nos vieron rempezaron a flecharnos e lanzarnos piedras e venablos amén de groseros insultos e maldiciones en la su lengua de tan monstruoso sonar a oídos cristianos que barruntamos la usaban para se comunicar con el mesmísimo Satanás.

E nuestro capitán mandó que nos detuviésemos un poco e que el escribano del rey les ficiera un requerimiento legal en lengua cristiana. El cual se fizo por el susodicho escribano, que era don Mauro de Almendros, natural de Talavera de la Reina e bachiller por Salamanca, el que les previno a los salvatges de los perjuicios que se les aparejaban en aqueste mundo i en el otro conforme a derecho, si non se avenían a la nuestra autoridad e amparo. E non habiendo respuesta cargó tizona en mano el nuestro esforzado capitán al grito de: ¡Señor Santiago! ¡Cierra Castilla! e nosotros tras él.

E habían los salvatges a su frente a una muger alta e blanca e en cueros que los animaba a nos acometer e acometía ella mesma con una macana de palo de hierro laque blandía con más fermeza e pasión que un avezado querrero. E había la muger la cara pintada de los más paganos colores que cristiano hobiera visto e collares de dientes de caymán e tigre que le colgaban hasta las sus tetas que eran de tamaño regular e parejas e blancas e en modo alguno de visión no halagüeña a los ojos de la cara. I el padre Sandoval que nos acompañaba nos previno que la brava amazona era el diablo mesmo que había tomado aqueste marabilloso cuerpo para nos perder a los soldados del Rey e tengo para mí que nunca el nuestro capellán había dicho una maior verdad questa.

E cuando los indios se retraieron e quedó el campo por Castilla como era de preveer, el nuestro capitán hubo de preguntar al más feroz de aquestos infieles, que era el nuestro captivo, si aquesas mugeres del diablo parían, e el salvatge hubo de nos contestar que parir sí parían, como todas, si habían el por qué.

—No me arredra a mí mujer alguna —interrumpe el Supremísimo acariciándose las guías del bigote— sea o no del diablo. Increíble que todavía estas leyendas engañen a los hombres bajo la República Soberana.

—El ferrocarril acabará con todo esto —afirmó Lord Fry— un mundo nuevo no puede vivir esclavizado de patrañas y consejas supersticiosas. El oscurantismo y la máquina de vapor no se llevan.

El prior hubo de leer, pausada, solemnemente, otros tres fragmentos, cada uno despertando más que el anterior el interés de los oyentes. El Supremísimo había dejado de hablar con Napoleón para hablar con don Ramiro.

Fray Celestino cerró el manuscrito con un suspiro de nostalgia:

—Estos cuatro fragmentos y un quinto más, es todo lo que ha llegado a la posteridad de la *Relación de don Ramiro.*

—¿Qué pasó con el resto? —interrogó Lord Fry decidido a saber con precisión científica toda la verdad.

Vaciló el prior un momento. Insistió el Supremísimo. Contestó el prior, vencido: —Tradicionalmente sólo dos miembros de la comunidad han tenido acceso a la *Relación de don Ramiro,* que se ha guardado siempre en el capítulo de libros peligrosos y reservados con reparos. El superior del convento, generalmente de más de sesenta y cinco años, y el bibliotecario mayor, habitualmente un hombre de ciencia. Uno de mis antecesores, el prior Camilo, ordenó quemarlo para que no alterara el orden en la comunidad.

—¿Por qué? —había una pretensión de libertad de imprenta anglosajona en la pregunta.

—Os preguntaréis, queridos hijos, por qué no he leído el quinto fragmento. Pues bien, la *Relación de don Ramiro,* aparte de sus valores épicos, que no niego, es la primera obra pornográfica escrita en lengua europea en el continente americano.

—¿Y de qué se trata? —Lord Fry calculaba los valores comerciales del quinto fragmento.

Las tres cuartas partes del mamuscrito describían, con lujo exhaustivo las costumbres licenciosas de las amazonas y de su reina. Tres bacanales al día. Sin incluir los días de fiesta.

—Y si estaba reservado ¿por qué destruirlo? ¿No se ha privado a la ciencia y a las artes de un documento de valor inapreciable?

—En 1808 huyó a la selva el padre bibliotecario. En busca de la reina de las amazonas. No pidió dispensa.

La Esfinge

Un extraño evento disiparía el escepticismo del Supremísimo. Recibió el mensaje del prior, al levantarse de la siesta en el Palacio de los Calzones. Horas más tarde, en la antigua iglesia que hacía las veces de hospital en el monasterio, interrogaba personalmente, al derelicto humano. Uno de tantos que, de tarde en tarde, Sianahú, el dios del mal, devuelve de la selva cuando ya no le sirven. Pero éste venía de los dominios de la diosa blanca. El Supremísimo, milord y el coronel escuchaban al moribundo, en testimonio que confirmaba la leyenda:

Doña Esperanza era descendiente directa de la reina Coñori, la que inmortalizara Fray Gaspar de Carvajal en su *Relación*. Poco habían variado en tres siglos las costumbres. Doña Esperanza regía su imperio con puño de hierro y encantos de mujer. Mantenía un harén de hombres, vigilados por eunucos. Los que resbalaban de la cama por no dar la talla, pasaban a trabajar a las minas de diamante. Dormí con ella siete noches y siete días, trabajé en el infierno del diamante nueve años. Los doy por bien empleados por aquellos siete días —exclamó el moribundo—. Mucha mujer es ésa —comentó escéptico, el Supremísimo—. No diga mujer, diga Cleopatra, diga la reina de Palmira —ripostó, enfebrecido, el derelicto que, según se averiguó más tarde, había sido maestro de historia y cívica durante dieciséis años. Se llamaba Pedro Rodríguez.

En los dominios de Doña Esperanza no hay rebeldes. Por el afán de poseerla una noche, los hombres se espían y traicionan unos a otros. Para los indios, es la reencarnación de Mama Ocllo. Para iluminar su belleza, sale la luna en el cielo. En Doña Esperanza se unen tres tradiciones: la española, la de las princesas indias que escaparon a las caricias de Pizarro y la egipcia. ¿Cómo?, se apresuró a decir Lord Fry. El moribundo le lanzó una mirada de compasión: Tampoco yo lo creía, milord. Registre usted bajo mi lecho de muerte. Hízolo Lord Fry y prorrumpieron todos en exclamaciones de asombro. Era una figura de oro macizo representando la Esfinge del Desierto. Sonrisa enigmática, dos azabaches marcando los ojos, dos rubíes marcando los pezones. Tómela usted, Supremísimo, acepte este obsequio final de quien, en breves minutos, ha de entregar a la tierra una existencia atormentada. Y, si la ve, dígale que la quiero.

El Supremísimo, impresionado a su pesar, presidió las honras fúnebres, que cantara Fray Celestino.

Antes de marchar, confiscó al monasterio el quinto fragmento de la *Relación de don Ramiro*.

—Es para el Museo de Ciencias.

La cabaña del doctor Bluestone

—Aprieta la boga.
Árboles y agua, agua y árboles. Bajan las igaras por el río camino de siempre igual, la quilla escasos centímetros por encima del agua. Desde los bancos de arena negra que huelen a podrido, los quietos caimanes esperan, con avidez gastronómica, que caiga en los raudales algún que otro remero de hado corto.
—Aprieta la boga.
Hace muchos días que han salido de San Felipe del Montuari sin llegar a ninguna parte. A Lord Fry, le da la impresión de que están viajando en círculos. Reconoce este árbol, aquel claro de monte, estotro comité de caimanes, como los mismos que pasaron ayer, anteayer, siempre. Desconfía de volver algún día a Picadilly Circus. Mira el reloj. Le ha dado cuerda todos los días para asegurarse de que sigue siendo súbdito del imperio. Es un regalo del rey George III a su abuelo, agente de policía que rindiera el informe sobre el *Boston Tea Party*. Lord Fry calcula la hora del meridiano de Greenwich. Lady Fry estará sirviendo el té a la prima tercera de la Reina Victoria. Hablarán de lo que dice la prensa de mi misión.

>   ENCONTRARÉ AL
>   DOCTOR BLUESTONE

Si es que vive. Si no, traeré sus restos
a la patria agradecida. —Lord Fry.

>   LA CÁMARA DE LOS LORES
>   RINDE HOMENAJE A LORD FRY

Bluestone ¿vive? Los misterios de Sudamérica.
Cooperación del Supremísimo.

> SE TRATA DE UNA
> FINTA DEL GOBIERNO

Declara T. Bentham M.P. Distraen
atención de costo vida.

> SI ALGUIEN PUEDE HALLAR
> AL DOCTOR BLUESTONE
> ES LORD FRY

Declaraciones del Primer Ministro.
Lo que se ha hecho hasta ahora.
Sensación en el mundo. Lo que dice prensa USA.

> CIEN MIL DÓLARES
> POR BLUESTONE

La oferta de nuestro director.
India-Cola patrocina a Lord Fry.

> COSTUMBRES SEXUALES
> DE LA SELVA

El rito de la pubertad. La venta de
esclavas. El amor entre los putumayos.
La condecoración de la Reina Victoria.

—Aprieta la boga.

Si vive el doctor Bluestone, estará en los dominios
de Doña Esperanza, aseguraron al Supremísimo en San
Felipe. La gran mancha verde que en los mapas patrios
cubre el inmenso territorio inexplorado. Su posesión la

disputan vehementemente —en las conferencias diplomáticas y mapas de escuela— tres países. No ha habido hostilidades, pero, de tiempo en tiempo, multitudes impacientes, con la benevolencia del ministerio del Interior, rompen las ventanas de las embajadas de los países hermanos.

—Aprieta la boga.

—Mucho tiene que ser el desarrollo para justificar este jediondo viaje —comenta el Supremísimo, aplastándose el décimo zancudo sobre la frente; el animalito le deja junto al cabello la gota de sangre sin digerir.

—Encontraremos al doctor Bluestone y ganaremos el reconocimiento inmarcesible de la especie humana —asegura Lord Fry, que minutos antes, había tenido ganas de arrojarse al río.

—Estamos llegando a Roca de Sianahú, la Roca del Diablo —señala, con cierto dejo de preocupación, el coronel Méndez.

Sobre la margen derecha del río, veíase una roca de forma extraña. Como una mesa gigantesca con un árbol de piedra creciendo en medio. A su alrededor, había muerto toda vegetación.

Unos metros más allá, comenzaban los temibles raudales de Sianahú, que, despeñándose desde cinco metros y continuando entre rocas agudas, hacían imposible la navegación aun para las marineras igaras de los indios cocamas.

Arriman a la orilla, descargan, vuelven grupas los cocamas, ¿qué es eso?, párense, desgraciados. —Yo volviéndome pa mi iyumai —grita el jefe de los cargadores cocamas al Supremísimo— tú —señala para el verde, dominios de Doña Esperanza— yéndote pal carao.

El Supremísimo apresta la carabina, suena el tiro, cae

el jefe cocama. Los cargadores, ya sin control, se empujan unos a otros abordando las igaras.

—A ese indio pendejo me lo echan a la caimanada.

—El indio que no la hace a la entrada, la hace a la salida —sentencia el coronel Méndez.

—Ponga usted a los coraceros a cargar las vituallas, coronel.

—Destruirá la moral del ejército. El serrano se pone el uniforme para no seguir cargando en su vida. En esto se basa toda la disciplina militar.

—La otra alternativa es regresar fracasados con el rabo Presidencial entre las piernas. El Supremísimo no cree que exista el fracaso. Y si existe: fusilo al fracaso.

—Hacia el Oriente, coraceros.

También a Napoleón le pusieron dificultades y, sin embargo, partió, como muy macho que era, hacia las Pirámides. Y se metió la Esfinge —acaricia la estatuita en la mochila—, los mamelucos, el Cairo con sus zocos y la tumba de Cleopatra en el mero bolsillo.

Esa noche, el Supremísimo veló, leyendo *Napoleón en Egipto, La batalla de las Pirámides, Arengas del Nilo*. Los primeros sapos de la aurora lo encontraron plagiando la arenga del emperador.

Al toque de atención, formaron los coraceros espantando la lluvia de zancudos. Los simpáticos insectos, tras varios intentos desdichados, habían aprendido a no picar las relucientes corazas y a concentrarse en frente, mejillas, párpados, orejas. La adaptación de las especies.

El Supremísimo elevó los brazos hacia la gloria y pronunció con voz tonante:

—Soldados: Vais a llevar a cabo una conquista cuyos efectos en la civilización y el comercio del mundo son incalculables.

»Vais a sufrir marchas extenuantes; tal vez tendréis que combatir en heroicas batallas. Venceremos en todas nuestras empresas; el Destino está con nosotros.

»Las legiones romanas supieron proteger todas las religiones y todas las costumbres, por extrañas que parecieran. Encontraréis aquí costumbres diferentes a las nuestras: debéis acostumbraros a ellas.

»Haced amigos —el Supremísimo abrió los brazos en abanico, cerrándolos en caluroso autoabrazo— no sembréis odios. Vamos a visitar una ciudad que fue construida por una princesa inca. A cada paso encontraréis memorias que excitarán nuestro deseo de emularlas con honra.

Progreso o Muerte
Venceremos.»

Dos horas más tarde, los coraceros eran rodeados por un millar de hombres de Doña Esperanza. Armados de lanzas, macanas, pucunas que lanzaban virotes emborrachados en curare, viejos mosquetes de la colonia, rifles modernos de repetición. Predominaban estos últimos, como advirtió la pupila prudente del coronel Méndez que aconsejó negociaciones. El Supremísimo se adelantó hacia el que parecía jefe, un mestizo de ojos azules que vestía mitad explorador y mitad sargento de la guardia civil.

—Soy el Presidente de la República. Vengo en visita oficial con todas las prerrogativas de mi dignidad —y señalando para el no-las-tenía-todas-consigo Lord Fry—. Aquí, el representante de la Reina Victoria.

Por cuatro días con sus noches no se le escapó al angustiado Supremísimo que sólo eran prisioneros de zalema y cortesía. Al fin llegaron órdenes de la mismísima Doña Esperanza. Que se les den toda clase de facilidades y preferencias de protocolo. Que se acompañe al Supremísimo a mi presencia para una conferencia en la cima.

Lord Fry preguntó por el doctor Bluestone a Servando Rosete, el cual fungía de mayoral del bestiario o chambelán de la corte —según la perspectiva de cada uno. Veterano del harén de Doña Esperanza, hoy pensionado por incapacidad para el servicio, Servando se había librado del peonazgo en la mina de diamantes. Eran sus cualidades, lealtad y organización, en ese orden.

—¿Usted se refiere, milord, al güero de las maripositas? Pues por aquí vive. Como al cantío de un gallo.

Perdió Lord Fry la flema británica para convertirse en pretendiente napolitano en serenata de cortejo. Infortunadamente, el Supremísimo se negó a demorar el encuentro en la cima. No me importa cuanto a la Reina Victoria le interese el personaje; así sea el Príncipe Alberto.

Partió milord sumamente disgustado, estos *latins* de este lado o del otro del Atlántico, son todos iguales. El *spanish* que no la hace a la salida, la hace a la entrada.

Acompañaban a milord un pequeño destacamento de coraceros a las órdenes del teniente Calderón y tres guías indios. Luego de seis días de marchas y contramarchas, entre lianas y tembladeras, amedrentado por la yacumama mimética, acechado por el jaguar y la machacuy, chupado por el mosquito zancudo y el jején; alimentado con yuca y caldo de atahuari, por rechazar el mono que devoran los coraceros y le parece carne de niño, violado en su aristocrática integridad por la rebelde selva sudamericana, arribó el voluntarioso Lord Fry a la cabaña del doctor Bluestone. La historia recoge, en forma sencilla, aunque emotiva, el momento célebre:

Surge de la cabaña de yaguas, ya a pocos metros de los expedicionarios, el anciano de porte noble, magras carnes, rubio cabello entrecano, ojos azules de bondadoso mirar, luenga barba cuidadosamente recortada, vestido a la europea con ropa indiscutiblemente inglesa, si bien modelo de hace veinte años. Rodeándolo, en evidente señal de respeto, como dos docenas de indios en taparrabos de llanchama.

Luego del primer instante de alborozo en que el corazón golpea el pecho, Lord Fry hace un último esfuerzo y recolecta las energías de su espíritu como demanda toda buena crianza de Eton. Avanza milord, mirada en alto, porte dignificado, mano derecha tendida:

—*Doctor Bluestone, I presume.*

—Usted perdone, patroncito, pero yo soy José Engracio Buendía. El Cholo Buendía, para servir al Supremísimo y a usted. El colorcito rubio que me ve en la pelambre es porque mamá, en paz descanse, era albina y yo y la Julita salimos así, pues, un poquito a lo agringado como decimos por acá, pero no se preocupe, milorcito, que yo no sea el doctor Bluestone, que aquí estamos para servir, cuando me enteré de su llegadita mandé preparar un chupecito de gallina y si no le hace asco un asadito de monito maquisapa con su chilecito dulce, con poco picantico porque sé que a los extranjeros no les gusta, patroncito, pues.

El siringal de Doña Esperanza

Notas del diario de campaña del coronel Arsenio Méndez, M.M., Mérito Militar

Martes

El Supremísimo brinca de optimismo. Que Fortuna le preserve el buen ánimo. Nunca he creído en estas monsergas de Doña Esperanza. Es un truco de blancos vivos para mantener la sumisión de los indios. Como el virreinato o la república. Nuestro Supremísimo exceptuado.

Miércoles

Se me infectó la picada de zancudo en la ingle. Cuatro indios que no hablan español ni quechua ni cocama, me llevan en palanquín. El Supremísimo ha rechazado la litera y avanza al frente, abriéndose paso con el machete. Su presencia es inspiración para todos. De milord no tenemos noticias. Ayer enterramos seis coraceros.

Sábado

Caigo de rodillas. Hemos arribado a la Ciudad Perdida de los Incas. Alturas del Macho Picho.

Domingo

Imagínese una montaña de cresta plana tirando a meseta sin atreverse a serlo del todo. La vegetación ecuatorial clareada a fuerza de machete e indio. Bajan las nubes a tocar los edificios. Piedras labradas al estilo único de la fortaleza de Sacsahuaymán: unidas sin argamasa, inseparables por cuatro siglos.

Calles pavimentadas en calzadas de piedra. Acueductos que recuerdan la historia de Roma. Palacios en los que el oro abunda como el barro en Toledo. América virgen como se ofreció a los ojos estupefactos de los conquistadores.

Plaza del mercado donde se vende de todo: la cornucopia del Amazonas, los frutos de la Sierra, trabajos en plata y oro, rubíes, diamantes, esmeraldas, topacios, metal y joyas que los indios menosprecian, utilizando como monedas: pagarés de Doña Esperanza.

Se están volviendo locos mis soldados. Yo, tal vez lo esté ya. Comienzo a comprender el delirio del infeliz Rodríguez, enterrado en la cripta del monasterio. No me sorprende ya la magnificencia de la Esfinge de los pezones de rubí, que acaricia el Supremísimo.

Resumió el Supremísimo, como de costumbre, los sentimientos de todos: —Hemos sido transportados, en tiempo y espacio, a las *Mil y una noches*. Soy el Gran Califa Harún-Al-Rashid.

Se pasó la noche entera estudiando a la luz de la vela, el quinto fragmento de la *Relación de don Ramiro*.

Lunes

El Supremísimo muy inquieto por ver a Doña Esperanza. No suelta la Esfinge de las manos. Servando Rosete responde un tanto cortante: «La Diosa blanca se presentará cuando le plazca. En el Oriente, su voluntad es ley». Recomiendo prudencia. Y mientras tanto: gozar la vida. Las indias son cariñosas y sin la deformación prematura que ocurre en la mayor parte de la selva. Ayer una joven que rayaba yuca, me entregó su guayuco.

Martes

Ha llegado milord.

Miércoles

De momento estuvo tres días con conmoción cerebral, a raíz del descubrimiento de la cabaña. Recobró el control del sistema nervioso cuando le informaron de que Cholo Buendía es el ayudante del doctor, a quien sirve de traductor y hombre para todo.

El doctor Bluestone está vivo. Se encuentra entre los indios joyones, en misión científica. En busca de raro escarabajo, que se creía extinto.

Jueves

El Supremísimo ha tenido unas palabras —malas según creo— con Servando. Exige que se le trate con arreglo a protocolo: «Demando que se celebre esta semana la conferencia en la cima». Deténte con Doña Esperanza.

Viernes

Conozco a Virgilio Orestes de Peralta, ex odalisco del harén de Doña Esperanza, especialista que fuera en la danza del vientre y hoy poeta. Me ha contado cosas increíbles, que las Ordenanzas Militares me prohíben consignar en diario de campaña. Tus nervios no pudieron aguantar, infeliz Rodríguez.

Sábado

Hay desarrollo. Servando ha recibido poderes plenipotenciarios de Doña Esperanza para discutir las propuestas, Lord Fry entusiasmado. El Supremísimo ha decidido refrenar sus instintos en aras del progreso. Esperará hasta que Doña Esperanza le haga el honor.

Como primera providencia de desarrollo, ha dictado el siguiente decreto mecénico, que procedo a transcribir para constancia:

Artículo 1.º: Se establece el Instituto de Artes y Ciencias del Oriente, bajo la presidencia del Dr. Bluestone.

Artículo 2.º: Serán funciones del Instituto: 1) El desarrollo del conocimiento humano y su propagación en el Oriente. 2) Dictaminar en las distintas cuestiones en que fuere consultado por el Gobierno. 3) La investigación, el estudio y la publicación.

Artículo 3.º: El Instituto será dividido en cuatro secciones: economía y desarrollo, turismo y playas, literatura y artes, ciencias confidenciales. Cada sección consistirá de veinticuatro comisionados permanentes y veinticuatro suplentes, todos los cuales serán designados por esta Superioridad y recibirán las dietas y emolumentos que señale el decreto orgánico complementario.

Domingo

El Supremísimo encerrado con milord, discutiendo los planes de desarrollo. Paseo con Virgilio Orestes, el que me relata, con lujo de detalles, cómo la Señora selecciona sus amantes de las doce de la noche, cuatro de la madrugada, y hora de la siesta. He regresado con gran dolor de cabeza. Busco a la india del guayuco. Se ha marchado al río con el capitán Sandoval. Mañana le hago consejo de guerra, por bajar la guardia.

Meditaciones de Lord Fry

Selva: riqueza maravillosa, pobre por la clase de población que tiene. Nativos de masato y taparrabos. Todo lo que necesitan es un chinchorro, yuca y carne de iguana: capaces de arruinar la bolsa de valores más honrada y hasta el Lloyd de Londres.

No queda más remedio que abolir algunos indígenas. Nada de linchar razas de tercera, como los bárbaros del Norte. La sangre repugna a toda conciencia cristiana. Una manera de resolver el problema sin derramamiento de sangre, sería distribuyendo gratis carne de iguana adobada con estricnina. Nada de violentas conquistas castellanas; técnica moderna sin dolor. Lo malo que podría provocar protestas de filántropos profesionales. Y Lady Fry está en la directiva del Ropero del Niño Pobre, este mes le toca presidir la tómbola benéfica. Caras que salen estas caridades franciscanas, el deán de la Catedral ha venido recibiendo el cinco por ciento de las utilidades del opio. Y el dos y medio de los burdeles de Singapur, que es negocio más nuevo y aleatorio.

Sin derramamiento de sangre. En la India han muerto, esta década, dos millones y medio de personas de hambre. Tranquilamente, sin ruido, sin publicidad. Es claro que nadie les ha forzado a que tengan sequías. Y si se tiene en cuenta la población de la India, realmente enorme, la cifra es muy razonable.

Prados bellos los de Irlanda, para la caza del zorro. El irlandés es un indio que come patatas y reza el rosario.

Diario de campaña del coronel Arsenio Méndez, M.M.

Martes

Completados planes de desarrollo. Áreas principales: diamantes, caucho, maderas preciosas, rubíes, pieles de caimán y miscelánea. Lord Fry no cree que, por el momento, sea aconsejable la inversión turística.

Miércoles

Creada la Orden del Supremísimo del Oriente, para aquellos que se distingan en la misión civilizadora. Comendadores: Lord Fry y yo. Caballero: el teniente Calderón.

Jueves

Virgilio Orestes me ha relatado la iniciación de los vírgenes del Sol. Mozalbetes seleccionados, personalmente, por Doña Esperanza, para el culto y servicio.

Doña Esperanza tiene el mayor siringal de Sudamérica. Está Lord Fry loco de contento. Así estamos todos, desde que le informó Virgilio. Perplejo el inglés. Primero, por el nombre que creía significaba otra cosa. Ahora lo que le extraña es que Doña Esperanza tenga un siringal tan grande. Con sesenta mil hectáreas de árboles de caucho. ¿Cómo es posible que pudiera anticiparse a nuestros planes? ¿Disfrutará de los poderes de presciencia que claman los *piaches*?

Viernes

Servando invita al Supremísimo, a Lord Fry y a mí. No sé a qué pero debe ser a algo bueno. Nos acompañará Virgilio. Rechazo las tentaciones de la india del guayuco. No es cuestión de disiparme en estos momentos. Escritura de traspaso a Sandoval, que abonará los derechos reales.

Sábado

Marchamos en dirección al Palacio de la Diosa. La pirámide de doce pisos que domina la ciudad perdida de los incas. Enteramente construida de mármol blanco, que recibe al dios-Sol y devuelve sus rayos sobre este mundo mágico. Son las doce del día, la claridad es cegadora, estamos poseídos de un temor supersticioso.

Entramos en el primer piso. Me tiemblan las piernas. Recomiendo prudencia. El Supremísimo pasó la noche en vela, leyendo el quinto fragmento de la *Relación de don Ramiro* y ha quedado un poco nervioso.

Yace en su sepultura de oro, embalsamado dentro de su coraza, el conquistador, hombre de Pizarro que venció al Inca y de Orellana que luchara a pecho descubierto con las terribles amazonas. Su nombre escrito en letras góticas: Don Ramiro de Cáceres. Retrocedemos todos; hay olor a gloria.

Explica Virgilio: —Violó a la princesa inca y luego no pudo vivir sin ella. La buscó por todas partes. Oyó que estaba en la selva y el caballero don Ramiro se alistó en las huestes de Orellana, rumbo a la épica de los pongos. Pese a las indicaciones de Fray Gaspar de Carvajal, no pudieron hallar el maravilloso reino de las amazonas. No era don Ramiro castellano que se diera por vencido ante la adversidad. Organizó de su propio peculio nueva expedición, comandando un grupo de audaces. Cayó prisionero de las amazonas y fue llevado a la presencia de su reina, la fabulosa Coñori, que no era otra que Machacuy, la princesa de la casa de Manco Cápac, que violara seis veces y media, en la noche de la ejecución de Atahualpa.

—¿Y cómo reaccionó la ñusta frente a don Ramiro? —inquirió ansioso el Supremísimo.

—Se trataba de un crimen de honor. Y así fue que don Ramiro inauguró, en el año de 1544, el famoso harén de machos.

—¿Y tenía relaciones regulares con la ñusta o lo almacenaban en el harén para semilla ocasional?

—Nunca volvió a tocar a la princesa. Hasta morir de viejo, no volvió a ver más mujer que las de la guardia real de lesbianas, inaugurada en su honor.

—¡Venganza terrible!

Pasamos al segundo piso meditabundos y ni las habitaciones suntuosas que nos aderezaron para la noche pudieron devolvernos la alegría perdida.

Domingo

Cuarto piso, derecha. Momias de algunos favoritos de reinas sucesivas. Nos asombra desvelar el misterio de Otto von Gotha, el sabio renano, dilecto compañero de Von Humboldt que desapareciera, misteriosamente, en la jungla del Amazonas, en 1809. La ñusta de entonces quería probar un alemán, bien rubio —concluyó Virgilio. Momificado con una jarra de cerveza en los labios.

Esta noche dormimos en el quinto piso. Para cenar: cerveza de yuca y salchichas de sachavaca.

Lunes

Siento ahora algo diferente. Que vamos camino de una de esas revelaciones que se dan una vez en la vida y que tal vez ni siquiera acabamos de comprender en el resto de ella. Una estancia cerrada por la que penetra un solo rayo de sol. ¿Cómo describir la belleza de la cara cuando al mirarla me ciega el sol? A través de la seda se esconde y se revela alternativamente, el cuerpo de la diosa.

—¡Isis! —exclama Lord Fry.
—Mama Ocllo —dice el Supremísimo.
—Tara.
—Kwan Yin.
—Parvati.
—Astarté.
—Kali.
—Laksmi.
—Durga.
—Sarasvati.

—Devi Yoni.

En la oscuridad brota la dulce voz de una mujer:
—Por mí vienes al mundo y te marchas. Soy el día y la noche; el llanto de dolor y el gemido de placer; el lirio de los valles y la orquídea de la selva. Quien me descubre una vez, no me olvida.

Es su voz una bebida intoxicante. Ha callado. No sabemos qué hacer. Habla Virgilio:
—¿La reconocéis? Su imagen, bajo miles de nombres distintos, nos acompaña a todos desde la cuna. Es la Esperanza, ningún hombre puede descubrir su cuerpo y vivir. Su destino es ser siempre deseada. Nunca poseída. Viven los hombres porque ella vive. Su sacrificio eterno es ver al amante y no poder abrazarlo.

»Por eso, desde que existe el mundo, la Esperanza llora de madrugada cuando los hombres sueñan.

Lunes por la noche

Era tan maravillosa que sólo podía ser lo que era. Estatua.

Lunes de madrugada

No podemos dormir. Cada cual odia al vecino por no ser mujer.

¡Los joyones!

Miércoles

—La Señora está con los indios joyones, los más feroces de nuestras tribus —aclara Virgilio.

—¿Por qué entonces no se nos llevó a ella? ¿Qué significa este torturar nuestros sentidos? —el Supremísimo se encorajina.

—Nadie puede ver a la Señora sin adorarla previamente.

—¿Por qué no en persona?

—Donde está la estatua es el lugar de adoración. ¿Se imagina usted los motines que ocurrirían, siendo los hombres como son, si la Señora se apareciera allí en persona?

El Supremísimo se menea, enérgico, el cinturón de hebilla de oro —con el escudo de la República— y piel de rana: —Óigame usted, poeta de menor cuantía, esta vez le haré ver a Doña Esperanza que yo soy nada menos que todo un macho.

El Supremísimo y Virgilio están a punto de irse a los machetes. Lord Fry, diplomático, desvía la conversación: —¿No es donde los joyones donde persigue el doctor Bluestone al escarabajo sagrado?

—Pues sí.

—Teníamos que ir de todas maneras.

—Garantíceme usted que esta vez veré a Doña Esperanza. No tolero sustitutos.

—Tiene mi palabra de hombre macho, Supremísimo.

Lunes

De nuevo la marcha embrutecedora de la selva. Estoy convencido de que Doña Esperanza no existe. Se lo confío al Supremísimo y éste me llama militar de chocolate con churros y escote de señoras. Me callo por disciplina.

Martes

No me hace gracia que nos lleven a los joyones. Son los más salvajes de todos los salvajes, es fama que el jefe de la tribu hace que sus mujeres le rasquen la espalda con las tibias de sus enemigos.

Miércoles

Que escriba un toro.

Sábado

Frente a un árbol de plátano, dos calaveras y una dentadura humana en perfecto estado de conservación. Hemos entrado en territorio de los indios joyones.

El Supremísimo se ha pasado la noche con sus historias de Napoleón y Alejandro Magno. Arenga a la tropa. Consigno para la Historia, la oración final: «El pueblo en el que vais a penetrar, trata a las mujeres en forma distinta a la nuestra; pero, en cualquier país, aquel que comete una violación es un monstruo».

Domingo

Nos rodea con exclamaciones una partida de joyones en cueros. Los notables usan taparrabos de llanchama. Todos tienen horadada la nariz y el labio inferior que embellecen con plumas y viejas monedas españolas.

El cacique o lo que sea, saluda a Servando y a Virgilio, a quienes parece conocer íntimamente. Lo presentan al Supremísimo y el cacique hace una reverencia, que debe haber aprendido en alguna parte pues no es propia de estos indios. Es joven, robusto, algo cabezón, por demás de facciones agradables. Tiene músculos de tigre de la selva que vibran cuando camina. Al pecho: un collar de dientes de jaguar. Da la impresión de hombre sencillo y franco. Que sabe lo que quiere y cómo conseguirlo.

Tres horas después arribamos, sin mayores dificultades, a un caserío: Tres cocameras o viviendas colectivas y una barbacoa a orillas de un regato, donde se aposenta el cacique. Nuestros coraceros arman las tiendas de campaña. Noto que Lord Fry y el cacique se han hecho muy amigos.

Lord Fry, Servando, Virgilio y yo, vamos a la barbacoa del cacique para darnos unos tragos de *masato,* conforme a la costumbre de la selva con los huéspedes distinguidos.

Tiene el cacique sobre una de las paredes de yagua, la más hermosa piel de jaguar que haya visto en mi vida. Brindamos con masato en jícaras, que nos sirve el propio cacique con sencillez y no carente de dignidad. Él bebe de una monda calavera, vaciada en forma de cuenco. —Enemigo malo —dice y acaricia el cráneo, risueño. Me siento algo incómodo.

El cacique vacía una vasija de masato en el piso de tierra.

—¿Para ahuyentar los malos espíritus? —insinúa milord con leve tono de humor británico.

—No, para ahuyentar la peste a orines —afirma sonriente, Virgilio.

Recuerdo que es costumbre entre muchas tribus de la selva, no salir nunca de noche de la vivienda por miedo a las alimañas nocturnas.

Lord Fry ha sacado, no sé de donde, un frasco de whisky escocés y sirve porción generosa al cacique. Al indio parece gustarle más el whisky que el masato. Se sirve tres y cuatro veces tragos cada vez más largos.

Milord se adelanta con un collar de cuentas blancas, verdes y rojas, de las que venden en el Soho por nueve chelines. Transcribo parcialmente la conversación que se desarrolla entre los dos amigos:

—Mi: Lord Fry —el inglés se golpea con la palma derecha los pelos rojizos del pecho.

—Mi: cacique Yurimagua —el indio se golpea con la palma derecha los pelos negros del pecho.

Lord Fry abre los brazos en cruz y vuélvelos a cerrar mientras expresa en correcto Castilla: —Lord Fry ama a cacique Yurimagua.

El cacique abre los brazos en cruz y vuélvelos a cerrar: —Cacique Yurimagua ama a Lord Fry.

Lord Fry agita el collar, que el cacique examina, entusiasmado, a la luz del sol que penetra por entre las rendijas de la barbacoa, dividiendo las cuentas en tonalidades del arco iris.

—Collar mucho bueno —afirma Lord Fry, sonríe, muestra la dentadura empastada en oro —tú dándome piel de jaguar, yo dándote collar mágico.

Cara de felicidad en el cacique. Alarga la mano y toma las cuentas. —Cacique agradecer collar mágico mucho —milord procede a descolgar la piel, lo detiene un músculo de tigre— tú pagar ochenta libras o cacique joderte.

Se revela el secreto de la Esfinge

Día no sé cuál

Escoltados por el cacique Yurimagua, hemos llegado a la capital de los joyones. Doña Esperanza ha hecho lo imposible: dar organización a estos bárbaros, inspirarles un sentido mitológico de obediencia. Componen el villorrio dos docenas de cocameras; un caney para el cacique Yurimagua; otro, algo mayor, para la cacica madre. Y en el centro: la pirámide, que es como la marca de ganado de Doña Esperanza. De más modestas dimensiones, sólo cuatro pisos, que la de la ciudad perdida de los Incas, sigue los mismos principios de construcción.

Era el alba cuando entramos en el pueblo. El padre Sol iluminaba la pirámide de mármol de su única hija, Yurimagua se arrodilló. Con él cayeron de rodillas nuestros coraceros que sentían la tradición quechua bajo barniz cristiano. ¡Pachacámac! ¡Y por contagio colectivo, o tal vez ánimo de congraciarse con el cacique, hasta Lord Fry, diácono de la Iglesia de Inglaterra y director de coro dominical, se arrodilló ante el Sol.

Día siguiente, el que sea

Nos esperaba un mensaje, estilo telegráfico, del doctor Bluestone: «Celebro misión civilizadora. En breve tendré placer de abrazaros. Continúo búsqueda escarabajo. Probaré error de la Academia de Ciencias de París. Especie no extinguida. He encontrado huevos. *God save Queen Victoria*.

Dr. Bluestone.»

Lord Fry me confía que es probable que en el próximo gabinete se le ofrezca, a milord, el ministerio de Colonias. Ya yo lo había oído decir.

El que me preocupa cada vez más es Nuestro Supremísimo. Tiene la color quebrada y la mano en mejilla cuando no en los pezones de rubíes de la Esfinge. A veces temo que el mundo de habla hispana pierda al más acabado de sus hombres de gobierno.

Día que sigue al otro

Igual que el infeliz Rodríguez no somos otra cosa que corazones cautivos de Doña Esperanza. Si mañana me ordenara salir para las minas de diamante después de concederme una noche en sus brazos, sería el hombre más feliz de la tierra. El Supremísimo está aún peor que yo. No suelta la boca de los rubíes.

Ha venido a buscarnos Virgilio.

Esta misma noche

No respondo de lo que sigue. No sé si es verdad o fue sueño. Soy el primero en reconocer que este diario de campaña puede dar lugar a consejo de guerra. No importa. De Doña Esperanza al cielo y un huequito para verla, como se dice en la selva.

Virgilio nos introdujo por laberínticos corredores de mármol, alumbrados con antorchas de grasa de caimán. En las paredes, cabezas reducidas al modo de los jívaros del Marañón-Santiago. Separan la cabeza de los hombros, la escarban y vacían de los sesos, huesos y toda materia orgánica, dejan sólo el cuero, cabello, narices, orejas; rellenan el cuero con piedras calentadas al fuego. Y así guardan la cabeza —previamente adobada en una salsa de yerbas de la selva, secreto del piache de la tribu— por diez, quince, veinte años. Reducida al tamaño de un puño de mujer, la cabeza no pierde la forma ni las facciones del que fue en vida.

Señalando para las paredes —¿Y qué es eso? —preguntó milord.

—Amantes que no alcanzaron la edad del retiro —contestó Virgilio, algo nervioso.

Llegamos a una puerta de caoba, custodiada por una docena de indios con lanzas y pucunas, que al punto identifiqué como jívaros huambisas. Virgilio les dirigió unas palabras en huambisa, de las cuales comprendí: *shikit,* flecha, *puju,* blanco y *numpa,* sangre, palabras que no contribuyeron a incrementar mi confianza.

Entramos en una estancia, donde, reclinadas en cojines y divanes, a media luz, jugueteaban como docena y media de doncellas, blancas, indias y mestizas, todas hermosas, todas jóvenes, todas vestidas no más de sus luengas caballeras, negras, rubias y castañas.

Pensé quedarme a participar de sus juegos pero Virgilio me tomó de la mano. Pasamos a la habitación siguiente, las paredes cubiertas de frescos cuyas escenas no pueden describirse en diario de campaña por contravenir las Ordenanzas Militares. Lord Fry, hombre culto, me explicó que le recordaban los frescos de las ruinas de Pompeya, sección reservada. Al Supremísimo le interesaron sobremanera y tomó nota para que las estudiara el Instituto de Artes y Ciencias del Oriente.

Llegamos a un salón inmenso, semiiluminado con candelabros de oro macizo. Danzaban nuestras sombras en las paredes. Enfrente: la cortina verde. Lord Fry y yo estamos nerviosos. El Supremísimo, en cambio, tiene el gesto imperioso. Es el hombre de acción que ya sabe a dónde va; a la fiebre pasional ha sucedido la enérgica confianza en sí mismo. Es fama que, en instantes como éste, no hay, al Supremísimo, mujer que se le resista. En el Palacio de los Virreyes, se le tiran al sexo sin preámbulo.

—A excepción del Supremísimo, todos deben arrodillarse —dice Virgilio.

—Soy súbdito británico —clama milord.

—Pero también es caballero —observa el poeta.

Bluestone bien vale una misa. Milord se arrodilla.

Detrás de la cortina se adivinaba, más que veía, una vaga forma de mujer. Llegó a nuestros sentidos el perfume voluptuoso. Esta vez era mujer y no símbolo. Carne y no humo.

Escuchamos aquella voz cantarina. Quien la oyó, no la puede ya jamás olvidar.

—¿Qué teméis, hombres de poca fe?

—Tememos tu belleza —digo, o mejor algo, no sé qué, dice en mí.

—El que me teme nunca me encuentra.

—Queremos encontrarte, aunque nos cueste la vida —grita, asombro de todos, el par inglés.

—De más allá del mar, ha llegado un caballero —recita la voz sensual— ¿queréis verme desnuda?
—Sí.
—Sí.
—*Yes, indeed.*
—Retírate, Virgilio. Que lo nuestro ya se acabó.

Retírase el poeta, de los sus ojos fuertemente llorando.

—Escogeré al más macho para esta noche.

Aullidos.

—O tal vez me sienta pecadora y me deje repartir como África. Entre tres potencias. Tengo entendido que milord es el futuro ministro de Colonias.

Lentamente, comienza a descorrerse la cortina verde, al tiempo que un rayo de sol ilumina, esotérico, la estancia.

Me fue difícil acostumbrarme, lo confieso. En el negro azabache de la luenga cabellera se destaca en plata maciza, la luna de Mama Ocllo. En las orejas, dos soles de Manco Cápac, pendientes de oro. Alrededor del redondo cuello blanco, collar de diamantes del Macuni alterna con rubíes. Sin más ropa que una cortísima falda de malla de oro que deja los macizos muslos al descubierto, hasta éstos bajaban dos calabazas de carne de tamaño sobrenatural como las que entre los jívaros guardan el curare.

Las restantes páginas del diario de campaña del coronel Arsenio Méndez, Mérito Militar, han sido arrancadas.

Flor de pecado

—¡Esto es un ultraje! ¡Una violación de la Constitución! ¡Qué falta de respeto!
—Supremísimo: recomiendo prudencia.
—Esa mujer no cumple los sesenta. Y lo que es peor: pesa más de doscientas cincuenta libras. Y alta no es.
—Usted perdone, pero la conmoción natural de los primeros instantes, que, reconozco, todos hemos sufrido, tal vez haga exagerar, en su imaginación, las dimensiones.
—Solamente en las dos calabazas y en los dos hemisferios australes, se echa par de arrobas.
—Repare en que todavía tiene bonitos ojos.
—¡Ese poeta Virgilio es un farsante!
—Trabaja para la Doña. Pero sea usted como los norteamericanos, piense positivamente: Tiene un pelo bien negro. Fíjese como le brilla. Como a las vírgenes del Sol. Bien mirado es, prácticamente, como acostarse uno con la Historia de América. Hágalo por la Revolución.
—Se lo tiñe con eso que usan los indios ¿cómo diablos se llama?
—Huito.
—Tiene más huito en el pelo que diez caciques en la cara en pie de guerra.
—El propio Servando me transmitió, escopeta en mano, el ultimátum. Ya reparó usted en las cabezas reducidas, receta jívara. Barba Azul era un franciscano comparado con la Doña.
—Primero la muerte que el deshonor. Moriré virgen de la selva. Al menos se hablará de mí en los ejercicios espirituales.

—Después del estudio estratégico de la situación, mi recomendación es prudencia.

—Para que usted recomiende siempre prudencia, no lo necesito yo en mi estado mayor. Aprenda de Murat, Ney, Junot y Kléiber. Los de Napoleón sí que eran oficiales machos. Así cualquiera se mete el globo terráqueo en el bolsillo.

—Quisiera yo verlos maniobrando por aquí. Recuerde lo que le pasó a Leclerc; y Haití no tiene esta selva.

—Lo que le pasó a Leclerc es que Paulina Bonaparte lo ordeñaba hasta a la hora de la siesta. Pero con una hembra así, valía la pena. Con el paquidermo presente, es un delito de desacato.

—Recomiendo prudencia.

—Siempre pensé que usted llegaría a ser uno de mis primeros mariscales y se me está quedando en uno de los últimos maricones.

»¡Y es que lo que me pasa a mí, no le pasa a nadie! Lea usted, no ya las novelas que ya se sabe que no dicen nunca la verdad, léase los libros de viaje. Acuérdese de Marco Polo. Aquella princesa china que se volvió loca por él, según nos cuenta él mismo, era un bomboncito. Y lea usted, coronel, los libros de historia, certificados por la Academia, aquí mismo en América, ¿cómo era la Pocahontas que se enamoró de quien sea, un tal Smith creo? Una india que le roncaba. Y la princesita aquella de Pizarro ¡ésa sí era una ñusta entera! Así vale la pena dejar de pastorear puercos en Extremadura.

»Y cuando Napoleón marchó al Oriente ¿qué es lo que se encontró, disfrazada de hombre, con poca suerte para ocultar sus cosas, en el Cairo? A Pauline Fourès. Y mire usted la lámina en *Napoleón en Egipto*: eso sí es una real hembra. El emperador mandó al marido a

Francia, con un merecido ascenso, y todo se resolvió con educación parisién.

—Simpatizo con su actitud, Supremísimo, como lo haría en esta tribulación todo hombre, así fuera miembro de la oposición al régimen. Pero este pueblo ha sido enteramente evacuado, los jóvenes no han dejado ni las calabazas de masato.

—¡No me hable usted de calabazas!

—Perdón, Supremísimo, quiero decir que no han dejado la menor vitualla, nuestros coraceros han comenzado a hervir los cinturones.

—Ordene usted una salida, para eso son los coraceros impermeables del Supremísimo.

—¿Ve usted esas alturas? Fue Bluestone quien las puso en los mapas de nuestra Patria: Alturas de los Joyones. Hierven de guerreros.

—Indios en cueros contra coraceros de honor.

—En cueros están, pero llevan rifles.

—¡Seis mil rifles! ¿en la selva?

Doña Esperanza tiene diamantes y mujeres jóvenes. Se venden bien ambos productos. Y habiendo dinero se compran rifles. Hay unos cuantos arcabuces de tiempo de España, pero la mayoría son Enfield de repetición, ni nuestros coraceros los tienen.

—Forme una escuadra y que fusilen a Lord Fry.

—Es inocente de esa venta. Habrán entrado por la frontera con Brasil. Lo más extraordinario es la autoridad de Doña Esperanza para movilizar las tribus más lejanas y disímiles.

—Todo era una trampa. Sabía que yo acostarme con ella, ni por penitencia del Santo Padre.

—Lo extraordinario es que no sólo tiene joyones,

sino jívaros huambisas, jívaros achuales, aguarunas, boras, yaguas, ocainas, secoyas y putumayos. Que haya transportado más de mil jívaros desde tan lejos, es para mí, que conozco lo apegados que están a su *núngka,* algo increíble.

—¿Cómo está la moral de nuestros coraceros?
—Estaba.
—Cuando regrese: consejo de guerra a todo el que sobreviva.
—Dispuestos estaban a morir por la Patria. Pero no a que los jívaros les achiquen las cabezas. Significa, entre nuestros quechuas, la pérdida de los placeres en el más allá.
—Compraré mi rescate como el inca Atahualpa. Garantícele a esa mujer obesa su peso en oro. Aunque haya que vender la Patria a los ingleses.
—Garantizado. Señora ofendida. El amor ni se compra ni se vende —mandó a decir.
—Ofrézcale usted al teniente Calderón. Es mucho más joven y reconocido experto en el comportamiento sexual de la mujer.
—Mi Supremísimo, reconozcamos la realidad. El interés de Doña Esperanza en su organismo no es primordialmente genital, aunque usted está aún muy atractivo, usted perdone, pero su sexo encierra un gran significado político en el Oriente. Es usted el *Gran Macho Blanco.*

—Ríete, sí, pero tú con las mujeres, como no fuera ascendiendo a sus maridos, nada. Y eso que de emperador: cualquiera.
»No te rías de mí, Napoleón, que para ti todo fue

más fácil. Quisiera saber dónde estaría tu grandeza si Córcega hubiera obtenido su independencia de Génova, en vez de pasar al seno de la inmortal Francia. Te hubiera ocurrido con Europa lo que a mí con América, que, llamado por mi genio a conquistarla, me tengo que contentar con esta maldita Esperanza.

»Y lo que de veras importa en la historia, Napoleón: el Poder, tu nombre, tu historia: Nada. En vez de Napoleón, te hubieras quedado en Napoleone.

—Al que sí me va a fusilar al regreso, coronel, es al tarado de Rodríguez. Me lo saca de la tumba y me lo fusila. Acabo de arrojar al río la maldita Esfinge con los pezones de rubí.

—Para Rodríguez tengo otra explicación. Es posible que partiera en busca de la Diosa Blanca, con perdón, y que de alguna manera obtuviera la Esfinge, por ejemplo, a través de algún amante sofocado de Doña Esperanza. Pudo habérsela vendido al desesperado Rodríguez en cualquier pueblo de la región.

—¿Y aquellas formas esculturales que describía? Aquellos pechos como dos cervatillos gemelos, ¿dónde han ido?, ¿qué se hicieron?

—En el ñopo. Cualquier hechicero o hasta algún agente de Doña Esperanza, si el infeliz Rodríguez fue utilizado en la trampa, le puede haber procurado la borrachera de ñopo. La imaginación se desenfrena más que con cualquier droga conocida en el mundo civilizado. Que no nos oiga Lord Fry, que es capaz de imponerle a los chinos la compra de ñopo, en un tratado.

»Si Rodríguez buscaba a Doña Esperanza, es posible

que el ñopo le hiciera vivir en alucinación lo que le rehusaba la realidad de la vida.

—Entonces era tan pendejo como todos nosotros.

—Con perdón, sí.

—Lo que con más suerte. Se murió antes de ver desnuda a la Esperanza.

—Coronel, estoy dispuesto a sacrificarme por la Patria, que no puede darse el lujo de perderme antes de que cumpla mi Destino, pero el problema no es de voluntad, coronel.

—Se refiere a...

—Al mismo. No creo que haya sistema neuro-vegetativo normal que se impresione ante el colosal panorama. Yo trataría —después de todo el Poder bien vale una masa— pero un fallo podría resultar mortal a la República.

—Su actitud de sacrificio es muy noble, Supremísimo, y en cuanto al neuro-vegetativo, tengo la solución.

—Lo creo imposible, coronel.

—No sabe usted las maravillas que en estas materias son capaces de hacer los piaches, hechiceros de las tribus.

—¡Eso sí que no! No ha nacido el macho que al Supremísimo le toque la.

—No hay que preocuparse, Señor Presidente. Es todo con hierbas y usted mismo se las aplica. Infalible.

—Coronel, usted que tiene una solución para todo, mire a ver si —con delicadeza, claro está, usted es hombre prudente— si la Esperanza se recoge aquello un poco.

—No sé cómo, Supremísimo. En ese tamaño no se fabrica nada.

El piache era uno de esos hechiceros antiquísimos que por la cara y las arrugas parecen contemporáneos del marqués de Villena. Si bien más duchos en materias de hechizar y tratamientos del neuro.

Comenzó, parsimoniosamente, un salmodio en dialecto joyón, para invocar a los espíritus coitales. —Déjate de canturrios, viejo maricón, y dame el emplasto de hierbas.

Doña Esperanza esperaba erótica, en la habitación contigua.

Alcoba de Doña Esperanza en el cuarto piso. A la puerta, el coronel Arsenio Méndez y el estado mayor, esperan ansiosos, que se decida el destino de la nación. Los acompaña el comandante Agripino Sardiñas, médico militar en servicio de emergencia. Contrito y silencioso, el teniente de primera José Tello Calderón.

—Diría el Almirante que es la mujer más voluminosa que ojos humanos han visto.

—Lo digo como Hipócrates: mujeres como ésa son fatales para la presión arterial.

—Siempre es de temer una baja.

—¿Se ha fijado usted en cómo luce en pantalones de explorador a la medida?

—Yo he traído el botiquín de campaña y hasta el bisturí. Todo exceso —aseguraba Esculapio— es nocivo y puede aparejar consecuencias imprevisibles para el organismo del hombre.

Arsenio aporta sus maravillas: —Se trata de que Nuestro Supremísimo reproduzca aquel bravo trabajo del emérito Hércules con la reina de las amazonas —aquí un gesto de los que prohíbe todo censor decente— pero a escala de selva americana. Mito redivivo en nuestra cosmogonía. Espécimen de realismo mágico.

—Ya lo dijo nuestra ardida: «Más vale morir de pie que vivir en esa cama».

Calderón, el pundonor acariciando la empuñadura del sable de caballería con gavilanes, viola su roqueño silencio: —Basta, basta, he de hacer información sobre ello. El Supremísimo un convento tiene ya elegido.

El doctor y coronel Eulogio Piedrahíta y del Pozo, M.M., primer designado para el Instituto de Artes y Ciencias del Oriente, que ocupaba por aquel entonces la viceauditoría general de las fuerzas armadas por sustitución reglamentaria, concluye la discusión con su reconocida habilidad: —Padecen ustedes todos de un aberrante error de enfoque: Es indispensable en estos casos adoptar el punto de vista positivo mediante el riguroso análisis empírico-racional del devenir —escupió en los lentes de tortuga carey y los limpió, escrupulosamente, con el pañuelito blanco— Doña Esperanza es una necesidad histórica. De carácter dialéctico.

Transcurre media hora. Pálido y demacrado, abre la puerta el Supremísimo.

—Que me traigan al piache.

Tres horas más tarde, la lengua jadeante, disminuida, exhausta:

—La Esperanza es insaciable. Esta mujer es un monstruo. Ahora quiere que me haga picar por una abeja.

—¿En dónde?
—¡Dónde va a ser, coronel!

¡Manguaré!

—Sospecho que la *Relación de don Ramiro* era apócrifa. Con toda seguridad pergeñada por el desaprensivo monje. Al prior de San Pedro me lo ahorca junto a la estatua de Pizarro. En todo caso, sabía perfectamente que la *Relación de don Ramiro* era un reto a mi ambición de gloria. Y que la historia de la reina de las amazonas seduciría mis instintos de macho. Hay que ahorcarlo, coronel. En estos casos monstruosos no puede el nuncio invocar el Concordato.

Ha llegado el poeta Virgilio. Saluda al Supremísimo de rodillas, a la usanza de la ciudad perdida con el consorte mayor. Sin duda, advierte el Supremísimo, el control político ha quedado asegurado. Habla el poeta:
—Doña Esperanza quiere ofrecerle un regalo. Algo de valor extraordinario: Ha sido reliquia de familia por trescientos años. Insiste, de todo corazón, en que acepte la tizona y las bragas de don Ramiro.

Por el resto de la semana, el Supremísimo recibió

una sobrealimentación a base de yemas de huevo con vino Málaga, especialmente importado por Doña Esperanza en barricas; cabeza de *paiche* —el sabroso pez gigante del Amazonas, tan rico en fósforo y proteínas. Y huevos de taracaya, tortuga fluvial, los que desde el Amazonas hasta el Hoang-Ho, y desde los emperadores Sung hasta nuestros tiempos, se han reputado especialmente vigorizantes.[1]

A las dos semanas, el cacique Yurimagua organizó un gran baile de gala. En los jardines de la Tembladera. Invitado de honor: el Supremísimo.

El manguaré, tambor cilíndrico de madera, que se toca con un percusor del mismo material —parecido al mortero que la mujer criolla utiliza para moler el ajo, pero de más generosas dimensiones— había estado sonando desde la madrugada.

Las indias de edad senecta preparaban el *masato,* nutritiva cerveza de raíz de yuca. Las jóvenes molían previamente la yuca en el güiro y depositaban la blanca pasta en el sebucán. Correspondía a las viejas el toque artístico que ponía en movimiento el proceso de fermentación alcohólica. Mascaban las señoras una porción de la harina de yuca y la escupían concienzudamente sobre la masa depositada en el sebucán. De otra manera, el

1 La ciencia biológica ha comprobado modernamente que los precitados productos carecen de la virtud que tradicionalmente se les atribuye. Véase el informe del doctor David Bluestone a la Academia de Ciencias Británica. Publicado en *Bulletin of the Royal Academy of Sciences,* London, number **XXXIX**, January 1858, pp. 71-198.

Para un punto de vista opuesto, orientado hacia la psicología analítica consúltese el trabajo de Rudolf von Karajan, discípulo de Sigmund Freud, en *Studies on the Mind,* New York, 1941, Opening Press, pp. 38-371.

proceso de fermentación se demoraba, haciendo imposible la ingestión de la sabrosa bebida en la fiesta de esta noche.

El cacique Yurimagua tomó de la mano con gran respeto al Supremísimo, a fin de presentarle a su señora madre, la cacica Piraña, que dirigía, personalmente, con orgullo profesional, la operación masato. Era la joyona de edad indefinida pero siempre vieja, maquillada de huito y achiote en negro y rojo, elegantemente vestida con una cushma bordada de algodón que le cubría, afortunadamente, los poco apetecibles pechos, cayéndole hasta medio muslo que los tenía flacos como retirados de pensión magra. Los pies, descalzos, convergían hacia adentro en imitación de ave, particularidad conocida por los antropólogos como *pies de loro*. Los dientes protuberantes, y artificialmente labrados los incisivos en forma de sierra aguda, extremo al que posiblemente debía su nombre. Tenía el labio inferior proyectado hacia afuera y horadado por un alambrito de plata, del que colgaba un duro de Isabel II, Reina de España por la Gracia de Dios y la Constitución.

El cacique Yurimagua hizo las presentaciones:

—*Neneño* (mamá).

—*Jiko riyame* (Tigre Blanco). Título que al Supremísimo, aún no repuesto moralmente, se le antojó, cuando lo tradujera el coronel, ironía del cacique.

La cacica Piraña le ofreció en una jícara, masato fresco, que el Supremísimo tragó con los ojos cerrados. Expresión que entre las mujeres joyonas, y de otras razas, es señal de placer intenso. La cacica, interpretando apropiadamente los signos, se apresuró a servirle una segunda porción. Que el Supremísimo bebió con los ojos desmesuradamente abiertos.

—Manguaré.
—Manguaré.
Comenzó el celebrado baile de las crónicas de viajes que únicamente en un asilo de enfermos mentales puede interpretarse como voluptuoso. Con tanta india vieja de pechos caídos, muslos esmirriados, narices horadadas con puntas de hueso, pies de loro.
—Manguaré.
—Manguaré.
A la mesa presidencial, vistosamente ataviado de cushma teñida en rojo, collar de dientes de jaguar, tocado de plumas de guacamayo, amarillas, rojas, verdes, negras, se acercó el cacique Yurimagua, macana en mano.
Hizo una reverencia y dijo: —Neneño manguaré Jiko riyame.
—Quiere decir que la cacica Piraña desea bailar con usted, Supremísimo —tradujo, oficioso, el coronel.
—No sea usted cojudo, coronel, ¿cree que no lo entiendo? Lo que estoy tratando de hacerme el bobo.
—Si se atreve a rechazarla es una ofensa pública. Nos reducirán a todos las cabezas.
—Neneño manguaré Jiko riyame —la voz del cacique adquirió acentos belicosos, agitó la macana, sonaron los dientes de jaguar.
El Supremísimo suspiró y agarró a la cacica de un pecho colgante.
—Manguaré.
—Manguaré.
Sonreía la agradecida Piraña. La sombra del elefante oriental de Napoleón se esfumaba en la distancia. Las Pirámides, la Esfinge, la tumba del faraón Tutankhamen y el Nuevo Corán del Emperador de los franceses y Sultán de los egipcios, eran devorados. El desconsolado Supremí-

simo vio extinguirse en su mente todos los poderes mágicos. Piraña olía a masato fresco.

Como de costumbre, correspondió al coronel Arsenio Méndez transmitir la dolorosa nueva con arreglo a protocolo.

—La cacica Piraña respetuosamente invita al Señor Presidente de la República a una noche de amor junto al arrullo de las palmas.

—¡Pero ya esto es una violación colectiva!

—Recuerde Supremísimo, que, después de las primeras noches, Gengis Jan, su héroe asiático favorito, solía traspasar las cautivas más interesantes a sus capitanes más distinguidos, y éstos, a sus tenientes. Dejando libres a las que no llamaban la atención. La única diferencia es que aquí impera el régimen de matriarcado.

—Mi voluntad está quebrantada. Que me traigan al piache.

—Mi Supremísimo, se me ha ocurrido una idea. Quizá pueda usted escapar al derecho de pernada que reclama la cacica Piraña.

—Habla, y si lo logras serás el primer mariscal que nombre en el ejército de la Patria.

—El milord.

Aparte entre el coronel Méndez y el comandante Agripino Sardiñas, de Sanidad Militar.

—¿Y la cacica Piraña acepta el cambiazo?

—Pues parece que sí. Después de examinar de cerca

a Nuestro Supremísimo, ha tenido unas palabras fuertes con Doña Esperanza.

—¿Y qué le ha dicho?

—Imposible lo hais dejado, para vos y para mí.

Minutos más tarde. —*This is outrageous*.

—Créame, milord, que mi Gobierno ha hecho todo lo posible.

—Por menos de esto, países enteros han perdido su independencia. La *Home Fleet* acudirá en defensa del honor británico.

—Observe un momento el mapa de la pared, milord —interviene, conciliador, el coronel Méndez—. Los cañoneros británicos más cercanos están en Georgetown. Tendrán que darle la vuelta a las Guayanas hasta la desembocadura del Amazonas. Luego internarse a todo lo largo del Amazonas, hasta casi al final y, entonces, tomar por el Macuni si pueden llegar antes de la estación de la seca. Para el tiempo que arribaran aquí su cabeza estaría maquillada y en exhibición de arte jívaro en el *boudoir* de la cacica.

—Esto sin olvidar —interviene el Supremísimo— de que en caso de conflicto entre las fuerzas británicas y los indígenas, existe la posibilidad, que no debe escaparse a su conocimiento diplomático, de que los Estados Unidos invoquen la Doctrina Monroe en favor de la cacica Piraña.

¡Las tambochas!

Milord se sumergió en soñadora nostalgia en los brazos de la *maharaní* de Lingapur, cuya piel oscura le había impedido, allá en su juventud con la Compañía de la India, ir más allá del amor financiero. Aquello sí era mujer, cuatro mil años de civilización desde los Vedas. El *Mahabarata* y el *Ramayana,* sin olvidar el *Kama Sutra* y *Ananga Ranga.* En cambio, esta gente de aquí ni en cuatro mil años más. La civilización es alérgica a los indios americanos y a los españoles. Es que no hay derecho, nadie me dijo que la selva era así, en todos los relatos que pueden leerse había peligros sí, pero más dignidad, más clase, tú, hombre blanco, yo, jefe Unga, tú, hijo del cielo, yo obedecerte, ¡porra!

Se dirigió a la cabaña del coronel con la dignidad ofendida con que los barones irrumpieron ante Juan Sin Tierra en el prado memorable para hacerle firmar la Carta Magna.

—¿Cómo han tomado los salvajes las negociaciones diplomáticas, coronel?

—La cacica Piraña insiste en el *ius primae noctis*.

—A un súbdito de la Reina Victoria no se le puede hacer eso.

—Tienen la fuerza, milord.

—*Civis Romanum Sum,* lo dijo —esgrime una copia oficial— nuestro ministro de Relaciones Exteriores en el primer discurso del siglo.

—Eso lo puede aplicar Londres en los Balcanes y en Turquía. Los joyones y los jívaros —señala para las cabezas reducidas que adornan la cabaña —no han oído hablar del Imperio.

—Dígale a esa tarada sexual que en vez de duros de plata, le ofrezco libras esterlinas de oro. En vez de Isabel II, puede colgarse a la Reina Victoria de los —Dios me ampare ¿cómo besará esa mutilada?— labios.

—Lord Fry, para la cacica Piraña no se trata de dinero sino de cuestión de honor. Prestigio.

—En ese caso, prométale que cuando sea ministro de Colonias, pediré a la Reina Victoria, la nombre dama de compañía de color en la corte de Buckingham.

—El indio vive para el presente, milord. La vida aquí es demasiado dura para soñar con el futuro —indica los árboles de la selva—. Por cierto, que la cacica Piraña revela un alma relativamente delicada. No quiere que usted se le entregue así de buenas a primeras como si fuera un prostituto cualquiera. Quiere vencer su resistencia a través del trato y del cariño.

—¿Qué clase de plan monstruoso se cocina ahora?

—La cacica quiere invitarlo a un paseo por el río —señala por la ventana la corriente fangosa y los bancos de arena—. Romántico y al mismo tiempo recatado: me ha pedido que sea el chaperón de usted.

—Un inglés no rehúsa nunca ganar tiempo en las negociaciones. Tarde o temprano arribarán los cañoneros. Respóndale que acepto. Pero insista en que no puede haber ningún tocamiento deshonesto. Dígale que en mi familia no se estilan esas cosas.

—Soy militar honrado —se golpea, en el pecho, la Gran Cruz del Supremísimo— y no lo permitiría.

—Dígame una cosa, coronel, antes de irse ¿qué edad cree usted que tiene esa momia?

—Imposible de calcular, milord. Las indias de la selva comienzan las relaciones sexuales alrededor de los diez años. El doctor Bluestone ofrece estadísticas de himen perforado, que ha remitido a la reina Victoria, a los ocho y nueve años, aunque no parecen constituir mayoría. A los doce, a veces antes, paren su primer guagua. En las guerras suelen cambiar frecuentemente de marido, siendo el botín más apetecible, lo mismo las matriarcas de la aristocracia que las no emancipadas. Después de los veinticinco, ni un ginecólogo puede precisar la edad de una india de la selva. El cacique Yurimagua es bien joven. Yo diría que la edad de nuestra Piraña oscila entre los treinta y cuatro y los cuarenta y tres.

—¡Entonces puede concebir!
—Es posible.
—Lady Fry y yo no tenemos hijos. Milady tiene el útero infantil. Si lo que usted me dice es cierto, coronel —se pasó la mano por la frente empapada en sudor— un joyón puede llegar a sentarse en la Cámara de los Lores.

—Al menos plantearía una cuestión de derecho internacional muy interesante. En primer término: como hijo suyo podría reclamar la condición de súbdito británico.

—Nunca un hijo de puta ha tomado asiento en el Parlamento de Westminster.

—La cacica Piraña es lo que aquí se llama una mujer decente. Si bien goza ya de ocho maridos, no se acostará con usted sin ceremonia matrimonial. En su familia, las mujeres han salido siempre casadas por la iglesia.

—Un matrimonio de salvajes de pies de loro, nunca será reconocido por el Arzobispo de Canterbury.

—No es tan sencillo, milord. Recuerde que el matrimonio sigue el *ius soli*. Dentro de nuestro país y a fin de mantener el principio teórico de soberanía sobre el Oriente, los matrimonios realizados ante el piache, sean o no poligámicos, tienen la misma validez que el Concordato otorga a los realizados ante sacerdote católico. También reconocen ustedes los matrimonios poligámicos en la India; y los franceses, en Argelia. En resumen, para no agobiarlo con el punto de derecho: la cacica Piraña puede hacerle a usted, milord, un verdadero hijo macho.

—¿Y quién es el piache?

—Alguien que va a serle muy útil, milord. El científico de por aquí.

—Lo que usted me ha dicho aclara a un lord británico el camino del deber. Moriré como el Almirante Nelson en Trafalgar antes de que esa mujer me consuma.

—Milord, oiga un consejo prudente, de verdadero amigo —el coronel junta, filosófico, las puntas de los dedos—: acepte a la cacica Piraña. La situación puede ser —señala hacia las Alturas donde permanecen miles de guerreros acampados— aún peor.

—¿Pero cómo? ¡Eso es imposible!

—El cacique Ñampa, jefe de los indios bujas, ha venido manifestando un creciente interés en su persona.

Iguara de placer sobre las olas del Macuni. Seis bogas, coronel Méndez, cacica Piraña, Lord Fry, un hermoso jaguar amarrado, amarillo, manchas negras.

En lontananza, una islita pelada. La cacica toma entre sus manos, las de milord. Éste, al cabo de un rato, las retira con discreción. Explica la cacica Piraña, muy animada, y traduce el coronel: Pasaremos por la isla de las tambochas. Venían sobre nuestro pueblo cuando, por providencia de Maiteno, el río cambió súbitamente de curso, ahogando a las malditas invasoras. Lo que es hoy la isla, era terreno alto y las que allí estaban se salvaron.

Acabaron con todo desde luego, vean que no queda ni una hoja ni una brizna. Ocasionalmente las alimentamos. Hay quien cree que si el hambre pasa de cierto límite, las tambochas —hormigas carnívoras, milord —son capaces de hacer un puente, cruzar y destruir el pueblo.

El feroz jaguar rugía cuando lo empujaron a la isla con la pértiga. Duró cincuenta segundos.

—Coronel Méndez, ¿le ha comunicado usted a la cacica Piraña mi decisión irrevocable de morir como un Par del Reino?
—Perdone, milord, pero ha sido ella quien me ha comunicado la suya. También irrevocable.
—¿Y qué dice esa Mesalina selvática?
—Mío o de las tambochas.

El embrujo de la selva

Es costumbre tradicional entre los joyones, parcialidad del Alto Macuni, que la novia, si pertenece a las clases altas, costee y brinde el banquete de bodas una semana después de la consumación. Si la novia está satisfecha, la comida es a base de carne y pescado, regada con generosas calabazas de masato. Si la novia no lo está en exceso, la comida es a base de casabe, ají y plátano hervido. Para bebida, agua del río. El banquete de Lord Fry, ofrecido por su cacica Piraña, fue de carne y pescado, con el más embriagador masato que se recordaba desde la desaparición de Von Gotha, el sabio renano.

Doña Esperanza había retornado a la ciudad perdida de los incas, en un palanquín con sombrilla a hombros de dieciocho joyones. Exquisita en cuestiones de protocolo, envió a Virgilio a representarla en el banquete. El poeta trajo para el Supremísimo una misiva perfumada y dos rubíes del Macuni. El corsé de Doña Esperanza cuelga hoy en el Museo de la Guerra.

El Mayúsculo Líder, cuya salud y color seguían algo quebrantados, se contentó, por única vez en su vida, con un modesto segundo plano, dejando que la opinión joyona concentrara su entusiasmo en los novios.

Decir que milord estaba contento, era decir poco. No era ajeno a su alegría el mensaje, en proverbial estilo telegráfico, que remitiera el doctor Bluestone: «Hallado escarabajo sagrado. Comprobado el imprudente error de la Academia de Ciencias Francesa. Asombraremos al mundo científico. Asistiré banquete. God Save the Queen».

Pero la verdadera alegría de Lord Fry era siempre financiera. El piache. ¿Se imagina usted, Supremísimo, si es capaz de hacer lo que hizo por la cacica Piraña, que me da banquete de gala y todo, echando el bohío por la ventana, ¿qué no hará ese piache por cualquier mujer, así, regularcita, no más?

Cada ama de casa, una Cleopatra. Con este *slogan* iniciaremos la propaganda en los cuatro continentes y Australia. El piache está de acuerdo en que lo llevemos de socio industrial. Aquí yacía la verdadera riqueza de la selva. La mayor revolución en las relaciones sexuales de la humanidad desde que le comieron a Eva la manzana. Patente de «Supremísimo, Fry, Piache y Compañía, Incorporada en la Ciudad de Londres». Hombre, anímese usted, Supremísimo ¿todavía decaído?, tienen ustedes los latinos que aprender del espíritu anglosajón: *de un limón, haga una limonada*. Si no hubiéramos sido violados por los monstruos de la selva, no estaríamos camino de ser más ricos que los Rothschild. Algo hay que sacrificar en esta vida, hombre.

Para la fiesta se congregaron indios de las más diversas parcialidades. Había curiosidad por contemplar al hijo de la Gran Madre Blanca y entre los notables se daba por descontado que la cacica Piraña habíase convertido en la nuera favorita de la Reina Victoria.

La cacica había demostrado una fina inteligencia para absorber las costumbres británicas, gracias al libro *El Tesoro de la Housewife* que el doctor Bluestone había remitido como regalo de bodas. La cacica Piraña había servido té a la inglesa en jícara, utilizando para la infusión ciertas hierbas que había acopiado el piache, incorporado ya de lleno a los planes de desarrollo. Preocupada porque el Lord había vomitado el último asado de mono choro, preparábale ahora *roast beef* a la inglesa siguiendo la receta del libro.

—*Manguaré, manguaré, manguaré.*
Vengan a bailar, señores,
el baile del manguaré,
ese baile calentico,
mirá lo que se te ve.
Manguaré, manguaré, manguaré.

Cantábase el estribillo, alternativamente, en joyón y castellano, de acuerdo con los principios de la educación bilingüe, avanzada por Doña Esperanza.

El opio pasará a ser una operación meramente marginal, podemos hasta retirar los cañoneros del Yang-Tse-

Kiang en gesto de buena voluntad hacia el Celeste Imperio. Los chinos también hacen eso. ¡Y con tantos millones que son! Lo que necesitamos es un agente de publicidad norteamericano, en esto sí que nos ganan los anglos de acá, un anuncio audaz y al mismo tiempo discreto, *Ponga una Venus en su alcoba con productos* El Piache. *Con productos* El Piache, *no hay escache. Ponga a* Piache *en la pelea, y lo que sea. Si soy* Piache, *tengo que ser bueno.* Para los italianos, voz voluptuosa de mujer: *Si es* Piache, *molto me piace.*

Comió el *roast beef* hasta hartarse, bebió masato sin vomitarlo, bailó el manguaré, meneando la pelvis, con cuanta vieja o joven solicitó al novio de Pirañita. (Es muy gracioso. Tal vez un poco demasiado blanquito, y los pelos ésos rojitos me recuerdan al guacamayo, pero no se puede pedir todo. Sí, hijo de la Gran Mamá Blanca, la mismísima Doña Esperanza de los blancos. Claro es de buena familia. ¡Qué bien le da al manguaré!) Y fueron muchas. Pensó en que Lady Fry se lo perdonaría todo en cuanto conociera las virtudes de Productos El Piache. Allá en el subconsciente, que también tienen los lores, una pequeña brizna enturbiaba la felicidad completa, como siempre ocurre en esta vida; se volvió a la cacica Piraña y utilizando el lenguaje de señas y las pocas palabras de joyón que aprendiera en el caluroso tálamo matrimonial, preguntó si ya había llegado a la fiesta el doctor Bluestone, que sí, contestó la cacica con la cabeza, golpeando contra la barbilla el duro de Isabel II que, reluciente, perforaba el labio. ¿Dónde Bluestone? *Huenai* —contestó la cacica. Repitió la pregunta. *Huenai,* milorcito —contestó la cacica Piraña, ojos de mujer enamorada, acariciándole tiernamente el vientre hinchado.

El coronel Méndez con su reconocida prudencia, aclaró el mal entendido del matrimonio. Al conocer que el plato favorito de su esposo era el *roast beef* a la inglesa, la cacica, de buena cuna, consideró su obligación de mujer, proporcionárselo. La única carne inglesa a la mano era la del doctor Bluestone. El interés obsesivo de su marido en el sabio, corroboraba lo acertado de esta intuición femenina. El indio de la selva se intranquiliza, únicamente, por la comida o el sexo. La obsesión de milord por Bluestone, no podía ser sexual; prueba: su maravillosa luna de miel —la cacica Piraña, orgullosa, mostró los morados en su cuerpo—. Ergo, el interés de milord en el doctor Bluestone era puramente gastronómico. Muestra de su espíritu delicado era que milord no había pedido nada, pero en la mujer de su casa que se respeta, por lo menos así ha sido siempre en mi familia, está el adivinar los gustos de su marido. Puso la mano sobre el empachado vientre: *huenai* contento, marido feliz.

Rechaza Lord Fry el Ministerio de Colonias. La crisis del gabinete. Hermetismo del jefe de gobierno

Fue uno de los misterios que por años apasionó a la opinión pública británica, comparable sólo al caso de Jack el Destripador. ¿Por qué Lord Fry, al regreso de Sudamérica, tronchaba una carrera en pleno ascenso, rechazaba el Ministerio de Colonias y se recluía en su castillo de los páramos escoceses?

Ni siquiera concurrió al té que, en su honor, ofreció

la Reina Victoria en el castillo de Windsor, rechazó con un grosero «*go fucking!*», la oferta de un cuarto de millón que el *Herald* de New York le ofreciera por las memorias de la selva.

Se habló de una misteriosa enfermedad tropical de origen ignoto que afecta los órganos digestivos. Se habló de su nostalgia por una hermosa cacica de voluptuosas caricias. Se habló de las prácticas licenciosas del manguaré que cautivan los sentidos del incauto hombre blanco, en conversaciones de la Corte que la Reina Victoria se vio en la penosa obligación de condenar *ex cathedra*. Se habló del exorcismo practicado por el deán de Canterbury a petición de Lady Fry. Lo cierto es que, como señalara el editorial del *Daily Telegraph*: *El Imperio había perdido uno de sus más firmes pilares. La vida pública de la nación: su más brillante esperanza.*

Pasaron los meses, y un día, en la capital, Edelmira le preguntó al Supremísimo, mientras le deshacía la cama:

—¿Y qué hubo por fin del doctor Bluestone?

—¡Se lo tragó el milord!

12

Han pasado los años. Nunca el dictador. Ya el Supremísimo no tiene que matar, salvo en Semana Santa y aniversarios. El pueblo se ha acostumbrado a obedecer. Sin aquella anarquía de los primeros tiempos que tanto reprochaba la prensa extranjera. En cada hombre vive un pelotón de fusilamiento, agazapado en los lóbulos cerebrales.

No hay felicidad completa en este mundo: De Europa han venido noticias que son como esos golpes en la vida. Eventos que conmueven las entrañas históricas del Supremísimo. Napoleón III es prisionero del ejército prusiano. Avanza el rey de Prusia, en vísperas de káiser, sobre París.

Reflexiona, mano en mejilla, sobre la amenaza germánica. ¡Los bárbaros, cara Lutecia, los bárbaros! Lo observan, entre preocupados y conmovidos, sus ministros. La depresión moral se le manifiesta en los párpados semicerrados, el arrugado entrecejo y el tic nervioso de los labios que bailan la seña del caballo en la brisca.

Abre los ojos que, desorbitados, revelan el parto familiar de idea luminosa. Nadie se atreve a interrumpirlo. Sólo se sabe que piensa y piensa fuerte. Mi Poder se hará polvo si no lo alimento constantemente con victorias. El Poder es igual que un estómago. Lo que comió hoy, no le basta para mañana. Hay que provocar hechos que asombren constantemente a la humanidad. Ahí está la clave. El Gran Corso siempre actuó bajo este principio. Sin él, no hay dictadura que sea respetada. Ni manos que la aplaudan.

Aún hay tiempo para convertir en triunfo épico, la derrota de Napoleón el Chico. Es algo que le debemos todos a su tío.

Convoca al jefe de Estado Mayor: —General Bango: ordene formar al regimiento de coraceros. ¡Muerte a los teutones! Salvaremos los puentes de París.

Mediodía de la puna. Hierba rala muriendo en las cumbres. Un rebaño de llamas camina, largos cuellos airosos, en la distancia, princesas indias que se tornaron en bestias para escapar de las caricias de los conquistadores. Un charco de agua verde entre las montañas. Canta el viento un yaraví olvidado. Volcanes muriendo en cumbres de nieve. La bandera tricolor. Aguilas en estandarte. Coraceros imperiales. Se escuchan, ahogando el viento, los compases de *La Marsellesa*.

El emperador, jinete arrogante en su caballo blanco, se vuelve hacia el regimiento y, sable en mano, grita:

—*Allons, enfants de la patrie!*

Desconcertados, los pies en la puna, los chullos incaicos resguardando las cabezas del viento helado, la tropa no se mueve. Hijas del silencio del antiplano, pasan huyendo de *La Marsellesa,* libres parejas de vicuñas salvajes.

—*Allons, enfants de la patrie!* —repite el Supremísimo, tremolando al viento, el águila imperial.

Confusión, maldiciones en español y quechua, caballos que caracolean, sorprendidos; un pelotón desmonta y, doblándose en infantería, forma el cuadro, rodilla en tierra. Un sargento y media docena de hombres flanquean hacia el lado derecho; un teniente y dos capitanes, hacia el izquierdo; cincuenta soldados novicios emprenden violento avance hacia atrás.

El Supremísimo blande el sable, y aúlla, temblantes las venas del cuello, espuma blanca escapando de la boca:

—¡Adelante, hijos de la chingada!

Disciplinadamente, los coraceros imperiales avanzan.

La tropa teutona —dos regimientos de cholos con peluca rubia y casco prusiano, y tres profesores de alemán que estaban desempleados—, bajo instrucciones de pelear pero no mucho, se retira del paso montañoso que ocupa, un desfiladero pardo oscuro cavado por el torrente que se despeña del volcán, al advertir el caballo blanco del Supremísimo al frente de la carga de los coraceros. Dos tercios de un regimiento se quedan a rendirse, según órdenes selladas. Abandonados en el campo de batalla, los despojos de los germanos en retirada, águilas imperiales, cascos puntiagudos, instrucciones en alemán, salchichas de maíz, piezas de artillería del Ruhr, masato, monóculos, cerveza de mandioca, once quenas, tambores, capotes prusianos, ponchos, una partitura de *Parsifal*.

Dos días antes de la gesta, el Supremísimo había trazado, en persona, los planes estratégicos: —Prepare dos bandos, general Bango. Franceses y bárbaros. No, no me ponga los ojos en blanco, que yo hablo muy claro. Por algo dicen que usted no tiene imaginación, general Bango. Haga lo que le ordeno, que para eso calienta ese puestazo. Usted sabe lo que le digo, igual que los bandos de romanos y cartagineses cuando usted estaba en el colegio de curas. ¿Todavía no me entiende, general? Su padre malgastó el dinero con los jesuitas. Sí, eso mismo, general. Y procure que haya poca sangre, nunca me ha gustado derramarla en balde, no soy el tirano que dicen. Claro está que una gotica de sangre será inevitable, son gajes del oficio, no todo van a ser regalo y prebendas. Yo no obligo a nadie a hacerse soldado. Pero demando algo más que robarle la oveja al indio y cogerle la chola en el maizal.

El Supremísimo, saboreando los resultados de la victoria, confía a su Estado Mayor:

—La Francia Inmortal está salvada. El káiser ha sido tomado prisionero. Será imposible para los prusianos reponerse de la derrota del Paso de Tucumito.

El coronel Juan Ramón José Sampayo —prepotentes bigotes adobados en goma arábiga, monóculo de Zeiss, sable Federico el Grande— tomaba, por órdenes del Supremísimo en curso intensivo de *El Alemán al alcance de la mano,* en el calabozo donde había sido confinado sin mayores explicaciones. Cuatro aymarás, en uniforme de zuavos argelinos, guardaban al káiser cautivo.

—Doctor Villa Vicencio, informe al ministro de Relaciones Exteriores que comunique la victoria —con carácter urgente— al embajador francés. Y póngase el prisionero a su disposición.

—No es culpa mía, Napoleón. Nací tu igual. Pero me dieron país pequeño. De haber sido yo el cojudo de tu sobrino al frente de los franceses, no paro hasta Berlín. Y a los alemanes los convierto en raza esclava para la producción de cerveza y pianos.

Me viene de cuna. De niño, en la escuela, les quitaba

a los demás la merienda. No para comérmela, a veces hasta la devolvía aumentada, sino para demostrar que yo era el más fuerte. Y era yo el toro, los días que había torero muerto.

Ya de mayor, tenía que bailar con la más bonita. O acabar el baile a palos. Y eso aunque no me atrayera, lo más mínimo, su belleza. No es culpa mía, Napoleón, tú también lo sabes: Todos los Grandísimos somos ninfomaníacos del Poder.

13

Todo llega en la vida. Lo dice el refrán. Y llegó el día de la inauguración del primer tramo de ferrocarril, treinta y nueve kilómetros, Capital-Villa Alegre. Autoridades. Bendición del camino de hierro. Invitados de honor. Bandas de música. Coraceros. Pueblo en general. El enviado extraordinario de la compañía de ferrocarriles y financiadora del desarrollo en general, Sir Walter T. Fraser, quien había sustituido al malogrado Lord Fry cuya ausencia fue muy lamentada.

Más invitados. Más uniformes. Más Supremísimo, completamente repuesto del mal de la selva, tras la victoria del Paso de Tucumito. Discursos y esas cosas que siempre se escuchan. Se habló del Supremísimo, del aniversario de la Revolución Regeneradora que lo llevara al poder, del apoyo de las masas. El progreso alcanzado. Tareas a cumplir. La fraternidad entre nuestros dos países. Se comentaba que únicamente el Supremísimo era capaz de hacer lograr que los trenes llegaran a tiempo.

Sir Fraser cortó la cinta morada. La Primera Dama estrelló una botella de champán, rellena de chicha de maíz, contra el hocico de la locomotora inglesa. Vivas a la Patria. Al Supremísimo y a la Reina Victoria. Gritos de Progreso o Muerte. Los vendedores locales anunciaban sus productos.

Cerca de las banderitas —colores patrios entregados jubilosos al viento— esperaban junto a los raíles del ferrocarril:

El hombre que ofrecía la otra mejilla y la tenía ya despellejada.

La familia —padre, madre, seis hijos, un venadito— a la que desalojaron anteanoche de la tierra, para cumplir con las nuevas disposiciones legales.

La niña a la que le pegaban sus padres.

El niño al que le habían matado el perro por disposición del alcalde, que no podía tolerar la mierda salvo en los presupuestos municipales.

El buen ladrón que recibía un plato de sopa gratis y le habían prometido, hace años, una cama de uso.

El hombre al que le habían jurado de niño que todos los hombres eran hermanos.

La mujer que creía que cuando los hombres tocaban, era porque querían.

El ciego que había recobrado milagrosamente la vista, y no había visto nada bueno.

El hombre que había creído que cuando el Supremísimo decía Patria, quería decir Patria.

El cura que no podía creer ni dejar de creer ni sabía ser mártir.

El perro que recibieron a pedradas cuando iba en busca del amo; hocico, frente y patas sangraban.

El oficial anciano al que la inflación le devoró las medallas.

La niña que perdió la ropa del hermanito en el río.

El indio al que su amo le había prohibido ladrar cuando tenía hambre.

El hombre que había perdido la fe y tenía miedo de tener razón.

La niña a la que los Reyes Magos le habían traído un empleo de criada porque ya estaba mayorcita.

El desempleado que, pese a sus esfuerzos, aún no había aprendido a vivir sin comer.

La mujer que no se acostumbraba a ser puta, que

era la única colocación que le habían ofrecido por el momento.

El ministro que había sido condenado a decir la verdad.

El ladrón que había sido colocado en el ministerio de Obras Públicas y no podía con la competencia.

El escritor que vivía de escribir anuncios de productos contra el mal aliento, enfermedades de la sangre y trastornos femeninos.

La peluquera de señoras que se había quedado calva.

La cortesana que tenía artritis en los senos.

El hombre que veía el mundo como un pabellón de enfermedades mentales y no podía sacarse los ojos.

El escritor que no podía escribir y además tenía cáncer, y asco.

El hombre que estaba siempre triste y le preguntaban por qué.

El niño que vendía los tamales y le robaron el dinero mientras aplaudía los discursos.

El niño al que le fusilaron, esta mañana, su padre.

Luego que la locomotora les hubo pasado por encima, el Supremísimo dispuso para todos un funeral decente por cuenta del Estado. Partida de gastos extraordinarios del presupuesto.

Un ciego y su perrito peludo, a quienes perseguían por vagabundos en todas las calles, les cantaron un responso que nadie oyó.

Alcoba discreta en una de las cuatro residencias extraoficiales del Supremísimo. Mobiliario estilo rococó inca. Óleo representando la coronación de Napoleón por sus propias manos. Adán, Eva y manzana en plano horizontal. La serpiente ha perdido la piel.

—A veces quisiera no haber derrocado al Tirano Caído. —Suspiro de tenor operático con angina de pecho—. No me agradecen nada. Aquí nadie es constante más que en oponerse al progreso. En cada esquina, un holgazán meditando el hambre bajo el sombrero o un pícaro presto a arrebatarte la cartera al menor descuido.

»Para colmo de males este pueblo bárbaro pretende copular con más frecuencia que los países desarrollados y está hinchadamente orgulloso de ello. En este momento de su historia, es la única cosa de la que pueden sentirse satisfechos.

—Siempre te he dicho, Supre, que tu Patria no te merece.

—Mi mujer tampoco.

—Viviríamos tranquilos en París.

Abrió los brazos en aspa de molino, abrazando al Louvre y Notre Dame, Montparnasse y el Bosque de Bolonia. —Sin quitarle los méritos a Inglaterra —a quien debemos el ferrocarril y el *water closet*— hay que reconocer que París es la patria del espíritu.

—Y del amor, mi chinito. Del amor.

—Pero con estos indios hay que arar.

—Una casita junto al Arco de Triunfo.

—Una jarra de Burdeos sin polvos, una libra de pan francés bajo el sobaco, y tú.

—Has nacido para conductor de pueblos grandes. Y si son blancos, mejor. En Europa, mi puchunguito, estarías decidiendo los destinos del orbe.

—Tengo que reconocer que es verdad. Todo el mundo dice que si hubiera nacido francés, la historia de la humanidad sería otra.

El Supremísimo, algo afligido, se consuela en los brazos de doña Edelmira Vargas de Menchaca; dieciséis años de penetración en la cultura francesa sin un sí ni un no.

Edelmira enmarcó estratégicamente los senos, en gesto de Cleopatra invitando a Julio César al baile del camello.

—Ya es tiempo, pillín.

—¿De qué? —preguntó, esperanzado, el Primer Mandatario.

—De que tu mujer nos deje en paz de una vez para siempre. Me estoy poniendo vieja.

—Mentira, Ede, tu figura...

—La has ajado con tus caricias mentirosas.

—Si no tienes ni treinta y tres años ¡qué vas a estar ajada! Te juro, Ede que...

—Perfidia y nada más. —Una furtiva lágrima—. Lo dices para consolarme en vano, pero no me consolaré, no. —Echa mano al pañuelo de encajes de Malinas—. Sólo me consolaría tu divorcio.

El Presidente de la República salta, espeluznado, de la cama en calzoncillos largos, anticipando las dificultades con la Iglesia. Y el Partido Conservador denunciándolo en la Catedral como vendido a la masonería y a la conspiración judía.

—Imposible, mi cariño —hace un gesto de dolor del alma imitado de *Tristán e Isolda,* que se representara la semana pasada con gran éxito de crítica y público—, yo mismo restablecí el precepto constitucional que exige al presidente, ser católico, apostólico y romano.

—Igual que lo pusiste lo quitas. ¿Eres Supremísimo, no?

—Hasta el Supremísimo tiene que apoyarse en algo. Me apoyan, los apoyo. Me friegan, los friego. Lo único que no se puede perder en la vida, es el poder. Mira lo que ha sido del Tirano Caído. Y es porque perdió las garras y lo otro. El único hombre con que contaba el régimen de la tiranía era la Pepa.

—Hace poco hablabas de lo bella que sería nuestra vida en las márgenes del Sena. —Edelmira hizo un gesto dilatado abarcando entre sus pechos exuberantes el Museo del Louvre, Notre Dame, el Arco de Triunfo y la cultura francesa—. Mientes como todos los hombres, nada de esto te interesa. Me tratas como si fuera la Pepa. Yo fui alumna del Sagrado Corazón para que lo sepas. Eres un monstruo que sólo piensa en el poder, en ser más fuerte que los demás, en que te llamen grande a todas horas. Y además, te diré que serás bruto, pero no eres diamante. No tienes ni estilo ni clase. Yo no soy la Pepa. Soy una Menchaca, no lo olvides. —Agita, frente al angustiado Supremísimo, la sortija de esmeraldas, valiosa reliquia familiar, que la mamá de su tatarabuela recibiera del virrey, una tarde que se quedó a dormir la siesta en Palacio—. Mi familia llegó aquí con Pizarro, tú lo sabes. Y no estoy dispuesta a seguir siendo la Primera Puta de la República. Tú conoces cómo es la oposición. ¿Sabes cómo me llaman en los urinarios públicos, en todas las paredes, y hasta en los de señoras? El Supremísimo... y aquí escriben una palabra que no puedo decirte porque es pecado. Y hasta lo dibujan y todo. El de una alumna del Sagrado Corazón. Ya no me invitan a la tómbola anual. Soy una paria.

—Creí que te llamaban la Gaticholi.

—Eso son los intelectuales. Y no me hagas bromas que estoy muy encorajinada. Escoge: o ella o yo. Definitivo. Y mientras tanto: cero, cero, cero. Lo prometí esta tarde en la novena.

—Se ha marchado —que no me jorobes, maldición, taco, que soy capaz de hacer un disparate, portazo, me tienes harto mujer— el Primer Magistrado.

Edelmira se seca las lágrimas, descorre una cortinita rosada de muaré en la esquina de la alcoba. Montado en una peana de cobre y mármol, aparece un san Antonio bendito, en escayola, importado de Madrid. Que la mamá de Edelmira le regalara a ésta, hace ya muchos años, la primera noche que la niña fuera invitada a tomar café a Palacio.

Toma un poco de agua de un botellín forrado en piel de caballo que bendijera monseñor Zachi. Se persigna. Contempla la imagen con arrobo, clava los ojos en los azabaches del santo. Se siente protegida. Ya decía mamá que los únicos hombres que no engañan son los santos. ¡Ay!, qué descuidada soy —se ha ruborizado—, pecado de escándalo, se cubre angustiada los puntiagudos senos con la sábana de hilo. Se persigna. El santo no se ha dado cuenta, no se ha tapado los ojos: Está tranquila por esa parte.

No ha perdido las esperanzas. *El Supremísimo caerá, rrá, rrá, rrá.* Edelmira ha prometido a san Antonio de la Florida, unas sandalias de plata del Potosí. *Ya lo verás, serás la envidia de todos los demás santos.*

—Entraré en las Descalzas. Mañana mismo. Ahora sí que va de veras. Lo juro por toda mi familia.

—No me hagas reír, Edelmira. ¡Tú! monja.

—Mejor ser monja que el que me sigan señalando por años y años como la Primera Putidama de la Nación. Así me llaman mis primas, las Campo-Godoy, y tú lo sabes y tú lo toleras, porque necesitas el dinero de los cornudos de sus maridos, para financiar tus aventuras militares de tarado mental. Claro, yo para ti soy la mulita obediente. Cuando la llamas, la montas.

—No seas vulgar.

—Eres tú quien me ha vulgarizado, a buena parte conmigo, yo soy de una familia como ya no las hay. Tú sabías bien cuando te acostaste conmigo, sinvergüenza, que mis antepasados vinieron de Panamá con Pizarro, en el mismo camarote y todo. Anda, lee la historia, déjate de tanto Napoleón que te tiene loco, no ves más que visiones, y léete, por una vez, la historia de tu patria, que aquí fue donde te parió tu madre, allí verás a los Vargas de Menchaca, a los Valdés-Monje, a los Soto de Pachacámac —los Zurróncurrichi, añade el Supremísimo—; no me interrumpas con cojudeces, mira que no estoy para bromas, todos de mi sangre y todos casados por la Iglesia. Fíjate que las arras de mamá tienen trescientos cuarenta años, son parte del tesoro de Atahualpa. Antepasado mío fue el que le sugirió a Pizarro en la isla del Gallo, aquello de: *Esta parte es la de la muerte, los trabajos y las hambres; la otra, la del gusto... Escoja el que fuese buen castellano lo que más bien le estuviere.* Yo sé adónde me llama el deber. Y te lo advierto: Con una nieta de conquistadores no se juega. Mi familia no aguanta más esta situación irregular —golpea la cama con la sortija de esmeraldas—. O de blanco, en la Catedral, vestida con la mantilla de mi bisabuela o...

—¿O qué, Ede?

—O las Descalzas, Supre.

—Pues hija, si tienes vocación... no seré yo tu rueda de molino.

—Maldito. Me vengaré, ya verás. Soy una Vargas de Menchaca. Antes de ser monja me despediré en grande de la carne. Te voy a poner los cuernos con toda la capital. Del puente a la alameda. Déjame que te cuente, hijodeputa.

»Y no te olvides, Supremito, este país aguanta toda clase de gobernantes miserables, rapaces y desvergonzados, pero no tolera ni maricones ni cornudos en el Palacio de los Virreyes, léete la historia. Pizarro preñó a la ñusta de quince, a los sesenta y dos años.

El Supremísimo palidece, se atraganta, da patadas a la almohada. —A mí no me vuelvas a mentar la palabra *ñusta* si quieres salir de esta cama con vida.

—Napoleón, ¡en qué clase de lío estoy metido! Entre hembras celosas, y de familias más rancias que tu queso Roquefort. Y esta vez sí que la Edelmira no cede. La otra noche, cuando traté de, me pegó una patada en los. Con unas babuchas chinas de punta afilada. Todavía me duelen.

»Tú resolviste la polémica Josefina vs. María Luisa con bendición papal y todo. No te rías, corso imperial, que lo mío es mucho más serio. Si hubiera sido hereje como tú, la iglesia bendeciría hoy mi matrimonio, como el tuyo con María Luisa, cardenales, mensaje especial a nuestro hijo muy amado, bendiciones, campanas en toda la ciudad, coches de caballos. Tú, influido por el liberalismo y la masonería, vivías en matrimonio civil —que no es matrimonio ni sacramento, solamente un concubinato, como nos ha dicho el padre Astete— con Josefina de caluroso sexo tropical. Yo, católico, apostólico y romano, nunca toqué un dedo de Amparito, hasta que me la entregó, bendita, el señor arzobispo, y ahora ¿cómo me desengancho de ella? Y me van a echar arriba a toda la familia de la Primera Dama. Y en este país tú sabes lo endogámica que es la aristocracia, verdadera o contrabandeada, todos los que cortan el bacalao están emparentados con la una o con la otra, a veces con las dos, la milicia, la iglesia, la hacienda, el cuerpo diplomático, la intelectualidad, el sursum corda, una dice que vino con Pizarro y la otra con Almagro, la guerra civil, la destrucción de la patria, el disloque, y yo que me he sacrificado tanto por hacer de esta gente un país envidia de las altas potencias. No me pases la mano por el hombro, Napoleón, agradezco tu simpatía por mí, pero ésas no son maneras entre los Dos Grandes, somos jefes de gobierno, no cholos del arrabal, a veces sospecho que tus modales te vienen de ser corso. Los corsos son los cholos de los franceses, cuando no los chulos de Marsella. Sólo que más pícaros que mi gente. Dice la constitución, que yo mismo hice, mira que soy cojudo, que el presidente ha de ser católico, apostólico y romano. ¿Que los códigos son pedazos de papel, contestas? Será el tuyo, Napoleón, y por aquí también los pedazos de papel se arrugan fácilmente. Cuando hay interés poderoso. Pero si me atrevo a cambiar el precepto confesional, en veinticuatro horas tengo a los curas acaudillando guerrillas de indios en la Sierra. ¡Ah, hermano! los tuyos eran franceses incrédulos, Voltaire y todas aquellas cosas, libros prohibidos, y la diosa Razón bailando el can-can en la guillotina. Pero aquí no hay indio que arriesgue las penas del infierno por acatar a un presidente divorciado.

El Excelentísimo Señor Embajador del Reino Unido y Lady Mac Donald, tienen el honor de invitar a————— a la recepción de gala que, en honor del cumpleaños de Su Majestad Imperial la Reina Victoria, Emperatriz de la India, tendrá lugar en los jardines de la embajada, a —————————

R.S.V.P. White Tie

Era una de esas ceremonias diplomáticas de eminente jerarquía y desnudo protocolo. En las que para no ofender a nadie, lo correcto es dejar el cerebro afuera, con el sombrero, en el guardarropas.

—Asistirá el mismo Supremísimo.
—Siempre lo dicen, y el que viene es un ayudante de espadín, entorchados y cinturón de luces. Disfraz de

director de circo que ha recibido un aumento de sueldo.

—Esta vez viene el Mayúsculo Líder. Te digo que sí. Que ha bajado el precio del guano y de la plata y de todo lo que vendemos nosotros. Y que ha subido todo lo que venden ellos. Que estamos atrasados en la amortización de la deuda, que, si no pagamos, los ingleses van a desmontar pieza a pieza el ferrocarril y llevárselo para la India. Se lo tienen ya vendido a un maharajá. Hombre riquísimo, que todos sus cumpleaños recibe de obsequio su peso en oro, y ahora está pesando la locomotora. El Supremísimo se huele el cambiazo y quiere hacer patente al mercado mundial que en nuestro país se respeta a la inversión extranjera. A la Gran Bretaña y a sus banqueros.

—Lo que les interesa es el pago. Y el Supremísimo debe por lo menos su peso —doscientas diez libras— en diamantes.

—De todas maneras, Él viene, hay que tranquilizar al pueblo, hacerles saber que seguimos contando con la solidaridad internacional de nuestros hermanos de la Gran Bretaña, los estrechos lazos, etc.

—A mí me enco... coran estas recepciones diplomáticas acartonadas en las que nadie puede decir lo que piensa. Si es que piensan.

—Viniendo el Supremísimo siempre sucederá algo interesante. Dicen que tiene problemas con la Menchaca. —Aquí el interlocutor insinúa un gesto obsceno. El otro parlante mira a ambos lados con cautela política de sobreviviente de dictadura. Luego suelta la reprimida carcajada.

—Eso lo resolverá sin dificultades. El Supremísimo siempre ha dicho que no es hombre que se deje amargar la vida por una mujer. «Mujeres hay muchas, Patria una sola.» Una de sus consignas favoritas transmitidas a la masa. Y parte de su programa de gobierno es: «Yo soy nada menos que todo un Macho».

—Pues a Edelmira la han visto en el convento de las Descalzas, con la mantilla de su bisabuela, la famosa, sabes, oro y encaje de Malinas.

—¿Y qué? Habrá ido a dar alguna limosna. Para puta es muy piadosa.

—Tengo un primo que trabaja en la secretaría de la Presidencia, negociado de información y chismes, y dice que allí todos comentan que la Primerísima Horizontal se va a cortar la melena y hacer los votos. Donando la camisa de dormir a las niñas de la doctrina.

Tumulto. Conmoción. Personajes importantes, golpeando las rabadillas con la cola del frac, corren hacia la puerta de la embajada. Carrera de obstáculos humanos, bandejas rotas, callos heridos, camareros violados. Del brazo de Lady Mac Donald, hace su entrada el Supremísimo, sonrisa de amante de la fraternidad de los pueblos del mundo. Milady, consciente del honor presidencial, se deshace en coquetas miradas, que hacen algún contraste con su cuerpo, el que, desde hace muchos años, tiene al feo bajo contrato exclusivo en todas las recepciones diplomáticas.

Se oyen los acordes del himno nacional. Militares en atención, caballeros descubiertos la mano en el pecho, damas en silencio, camareros inmovilizados bandeja en alto. La Primera Dama, Amparito del Supremísimo, penetra en compañía del embajador.

Recepción en progreso. Cortesías, reverencias, arrumacos, señor embajador ¿cómo le ha ido?, muy bien, gracias, me encanta su país (jodido pero contento). Próceres de la nación —corbata y chaleco color de oveja—

disputan con codos y pies, la oportunidad de ser honrados en cambiar una palabra con el Primer Mandatario. Sir Mac Donald, en fina dignidad británica, se esfuerza en imponer una apariencia de orden en las genuflexiones. Prosiguen inclinaciones de cabeza, espalda y nalgas. Empujones.

—El Presidente es encantador.
—¡Qué llano!
—No veía al Supremísimo desde los funerales de mi abuelo, el antiguo conde de Los Pelados, ¿tú sabes?, renunciamos al título cuando la Independencia, aquello le sentó muy mal a Fernando —el monarca gallego— que quería guardáramos el título, pero la Patria ante todo. Pues, como te venía diciendo, el Supremísimo vino a darnos el pésame, en persona y de completo uniforme ¿sabes?

—Pues hijo, mira a ver si se te muere un abuelo todos los días. Dicen que tu madre tuvo más de cuatro.

. . . .

El Supremísimo es un hombre que siempre está en la última. Fíjate que me distinguió entre el público y me preguntó por mi mujer. Es que se dio cuenta de que Milagritos no había venido, tiene la regla.

—Pues claro.
—Siempre le digo a Milagritos que tenemos una gran suerte con un hombre como el Supremísimo.
—Eso lo comenta todo el mundo.
—Mira para Sir Mac Donald, está que no cabe en el frac. Es la primera vez que el Supremísimo asiste a una recepción diplomática en dos años y tres meses.
—Claro, la influencia de los ingleses. En cambio

nosotros, los embajadores centroamericanos, no tenemos acorazados. Somos los negros de los embajadores.

El Supremísimo disfruta la bota lamida; su asistente no tiene que limpiarla nunca. Se engola en diálogo monólogo. Bendice al público dentro de la tienda de lona que, en el jardín, protege a los más importantes de los rayos del sol. Rodéanlo bocas entreabiertas de asombro, escotes desnudos, calzones bajados.

Circundan a la Primera Dama, señoras del gran mundo.

—Amparito, hija, dime qué te haces que cada día que pasa estás más buena moza.

—No es por darte coba —beso en la cara— tú sabes que yo le canto las cuarenta a cualquiera pero ese peinado te queda estupendo.

—Me tienes que decir —palmada en la mejilla— Amparito, picarona, el secreto de tu pintura de ojos, a mí solita.

La Primera Dama es una de esas señoras que los cronistas sociales califican normalmente de bondadosas. Lo que quiere decir que las así alabadas no andan muy abundantes de mujer.

—Ese vestido —mirada de arrobo— te queda que ni pintado. ¿Quién te lo hizo, Amparito?

—Me lo encargó mi marido —mirada de agradecimiento— a París. Es de Cocu Lucien. Exclusivo. No hace más que un vestido cada tres meses. Recordarás que era el modista de Eugenia de Montijo antes de la invasión de los bárbaros.

—Ya decía yo... que te queda como la piel, hija (qué horrible, no sé cómo su marido la deja vestirse así. Si parece una cacatúa de la selva).

—Nada, Amparito, que por ti no pasa el almanaque (siempre ha sido así, no sé dónde el Supremísimo tenía los ojos).

—Óyeme, la verdad, si yo fuera el Supremísimo —amenaza con el dedito— no te dejaría andar sola.

La Primera Dama de la Nación, triste es recordarlo, no tiene nada de lo que tienen otras damas menos primeras. Y cuando lo tiene es rectilíneo, fofo o en colapso. Y en los aniversarios de la patria y recepciones diplomáticas, cualquiera puede observar que sus más protuberantes prendas orgánicas son de segunda mano. El modisto Lucien es un artista condenado a misión imposible.

—Amparito, guapa, que estás para comerte.
—¡Supremísimo!
—¿Quién llama a este esclavo de la República?
—¿Te fijaste qué sencillo?
—Es hombre humilde en el fondo.
—Cállate, que vamos a perdernos el discurso.

El Supremísimo se sonó las narices del rapé napoleónico, aclaró la laringe y pronunció, en mesurado tono de estadista, las siguientes palabras, que fueron muy del agrado de la concurrencia según reseñara al día siguiente el columnista de *El Eco,* Miguel de Cervantes:

—Nuestro país ofrece garantías a la inversión extranjera, cosa que no pueden decir nuestros vecinos, víctimas de la anarquía y de la falta de respeto que, desafortunadamente, con harta frecuencia, caracteriza al *homo hispanicus.* Nosotros buscamos en la historia universal, las enseñanzas que cada cultura ofrece. Somos un gobierno sin hipocresías, que se presenta ante la opinión pública, nacional e internacional, sin tapujos, sin falsos pudores, a calzón quitado.

Ocurrió lo que ocurrió, cuando el Supremísimo, en

gesto pletórico de señera cortesía, iniciaba, copa en alto, los brindis por la Reina Victoria.

—Señores, *¡The Queen!*

En todas las manos se alzan las copas de champán, en el ritual secular del homenaje. Gritos en el jardín. Maldiciones en seis idiomas. Sillas caídas. Una gran mesa de canapés que ha sobrevivido, milagrosamente, a la voracidad de las recepciones diplomáticas, se estrella contra el suelo. Señoras serias de maridos dignos, huyendo en pudoroso desorden, el rostro desencajado, se rasgan las vestiduras.

—Apártate, cholo de mierda, que soy una Menchaca.

El sargento de coraceros, *Pierre* Chaclacayo, titubea, y recibe en la cara, el fustazo de las bridas. Tres siglos y medio de látigo demoran su reacción ante la hermosa piel blanca. La amazona calata ha proseguido su carrera triunfal, que iniciara en el Palacio de Pizarro entre los clamores, aullidos de júbilo y expresiones de entusiasmo de las masas ciudadanas. Vivas al Supremísimo. Y a Edelmira.

Tras un reconocimiento de retaguardia, el sargento serrano recupera el equilibrio y dice:

—Con razón está tan orgullosa del escudo de su familia.

Sir Roger Mac Donald, O.B.E., embajador de Su Graciosa Majestad la Reina Victoria, ha brincado de la tienda selecta, premura de bombero disfrazado de frac y bombín y condecoraciones. El embajador victoriano, atónito, devora la súbita aparición con ojos de párvulo desnutrido en huelga de hambre explorando pecho de nodriza nueva de dadivosas proporciones.

—¡Lady Godiva!

—¡Lady Godiva!

—¡Atajen al Libertador!

—¡Qué dirá la Reina Victoria! —gime el jefe de protocolo.

—¡*Mon Dieu!* —exclama el agregado cultural de la embajada francesa, antes de desmayarse en los brazos del secretario de primera.

La Signora Concetta Palomino, amante cónyuge del ministro de Italia, grita, histérica, las manos en el negro moño que semeja un bonete, moviendo las mantecas, ricas en pasta: —¡Un mantón! ¡Un mantón! ¡Santa Madonna!

Acude Lady Mac Donald con un mantón de Manila de tupidos flecos, atrevidos colores, que la señora Palomino, algo alterada, le arranca de las manos con poca diplomática rudeza y se apresura a colocar delante de los ojos de su marido. El ministro plenipotenciario del rey de Piamonte e Italia, Excelentísimo Signore Silvano Palomino que queda privado temporalmente del sentido de la vista.

A una maniobra diplomática de descorrer el mantón, responde militarmente la Signora Concetta: —Atrévete, disgraciato, y hemos terminado para siempre. Papá le pedirá al rey que te traslade para el consulado de Riga y tú siempre has tenido frío en los pies. ¡Peccatore! ¡Lúbrico! ¡Carnale!

Se resignó el pobre don Silvano. Rendición incondicional. El frío le daba sabañones, según confesó a un colega de habla española.

Edelmira Menchaca, vestida de su piel, la cabellera rubia suelta sobre la curva de los hombros suaves, la curva de la espalda terminando en apasionado hemisferio, el talle cimbreante que invita, tibio, al pellizco;

sobables los senos erguidos al natural; los muslos desnudos apretando la montura, ha invadido los jardines de la embajada, por toda ropa la sortija de esmeraldas, dando gusto a los ojos y esperanza a las manos, a lomo de *El Libertador,* el caballo blanco del Primer Mandatario, corcel vencedor del Paso de Tucumito.

Intervención oratoria de la Primera Dama, pasados los primeros momentos de bataclán: ¡Robamaridos! ¡Putinalguda! ¡Impúdica barata! —Y volviéndose al Supremísimo marido, mientras esgrime frente a sus ojos el abanico de nácar con el escudo patrio: —Es que si te queda un poco de vergüenza en la cara, degenerado, la tienes que mandar a fusilar. ¡Yo nunca te lo hubiera hecho!

15

Salón de recibir de la marquesa de Sangre de Toro, altos puntales, vigas de cedro, columnas de mármol. Mayordomos indios con libreas de la corte de Versalles mascan, subrepticiamente, hojas de coca enriquecidas con cal de cementerio. La marquesa Amalia, lengua mojada en curare, caderas de lujo, peluca rubio guacamayo, pechos enjutos de leche descremada, moja una galletica inglesa en vaso de vino Málaga. Con ella comparten el trabajo Luz Divina de Argüelles, la interesante esposa del ilustre negrero, y Conchita, condesa de Anunziata-Mendoza, descendiente de la corona de Nápoles al parecer.

—¡Qué escándalo! —abre fuego la marquesa de Sangre de Toro—. Y lo peor es que ha comprometido la virtud de todas.

—Ya no habrá cholo que nos respete el mapamundi en la calle.

—Figúrate, tres siglos y medio sin ver a una mujer blanca calata.

—¡Ay, Conchita!, no seas tan optimista. Pasar pa saba, lo que no se anunciaba.

—Lo peor es la mancha que arroja sobre la familia. Tú sabes, Amalita, que yo soy prima tercera de Edelmira. Pues bien, ya Michi ha comenzado a mirarme con sospecha. Anoche se lo noté en la cama.

—Ya era hora, Luz, ya era hora.

—No estoy para bromas, Amalia. Y además lo de Raimundo —Luz Divina arquea los ojos con coquetería de cobra descremada— hace mucho tiempo que pasó.

—¿Y te imaginas lo que dirá de nosotras la Corte de Saint James? —se estremece en sus pergaminos la tataranieta del rey de Nápoles por la pierna izquierda.

—¡Y la Reina Victoria!

—Una señora que, según se dice, nunca tuvo un pensamiento malo.

—¡Si te digo que hemos pasado un disgusto en casa! que ya no tomo ni té con pastas inglesas, para que no me dé vergüenza.

—Seamos prácticas —dijo Amalia, marquesa de Sangre de Toro— lo verdaderamente grave es la forma en que ha terminado este lujurioso asunto. El Supremísimo ha perdido los calzones delante de las masas.

—Ha roto el contrato social —dijo Conchita, la condesa de Anunziata-Mendoza, que había asistido medio año a la universidad.

—Y que lo digas. Para la clase alta en este país, el matrimonio siempre ha sido vínculo sagrado. Hicieran lo que hicieran, había respeto.

—Es que lo que le ha hecho el Supremísimo a Amparito de la Concepción no tiene nombre.

—Después de un cuarto de siglo de matrimonio.

—Ocho hijos legítimos.

—Anulación por falta de consentimiento en el acto.

—Ni que Amparito lo hubiera violado.

—O que le hubiera pegado los cuernos en los ocho embarazos.

—De todo punto excesivo.

—Y si hay alguna mujer decente en la capital, es Amparito. Ni el Supremísimo se atrevió a negarlo.

—Y todo para casarse con esa huachafa de la Menchaca. Porque huachafa es, aunque sea de buena familia, y tú, perdóname, Luz, por lo que pueda tocarte.

—Te digo, hija, que si una no fuera tan católica, era como para no ir más a misa los domingos.

—No digas eso ni por un instante, la Iglesia no tiene la culpa de los errores —dejémoslo así— de sus servidores.

—Ya lo sé, hija, los Borgia, los Orsini, los otros, éstos, y todo eso, pero cuando pasa, jode.

—Fíjate si estoy disgustada que ayer le devolví al padre Carmelo todas las papeletas de la tómbola.

—Para mí es peor que para ustedes, saben bien como mi familia ha luchado por el Supremísimo. Del marquesado de Sangre de Toro salieron mil doscientos catorce indios, en buen estado de salud, para el trabajo voluntario del ferrocarril.

—Pasaba por tierra de ustedes ¿no es así? —interpeló Luz Divina con encantadora sonrisa de cobra.

—Eso no viene al caso, nosotros lo hicimos por patriotismo. Y mi marido peleó en San Fernando de los Caballeros, hombro a hombro con el Supremísimo.

—Ni me toques eso, Amalia, que mamá era sobrina del general Montalvo.

—Dejemos el pasado, hay que vivir el momento infeliz—. La marquesa de Sangre de Toro se levantó para tirarle de la oreja derecha al mayordomo Juan Huancavelica que, inadvertidamente, había salpicado la alfombra de Tabriz con chocolate a la española.

—Cholo de mierda.

—Fue sin querer, señora.

—Hombre, claro, si llega a ser adrede te meto en la cárcel de la hacienda. Y con cepo.

La marquesa de Sangre de Toro vivía pagada de su prosapia. Vestía de gran lujo. Tenía los descotados senos largos y pellejudos cual cabra que hubiera pasado las dos últimas semanas en huelga de hambre. Los estudiantes de la Universidad Mayor de San Mateo la conocían por el sobrenombre de la Venus de la Cicuta.

—Sosiégate, Amalita —dice Luz, sonrisa de melado de caña—, mi maridito tiene un plan. Deja que se vaya ese cholo pendejo y cierra la puerta.

—Tu marido siempre ha tenido planes contra el gobierno desde que obligaron a pagar a los negros.

—A nosotros sólo nos interesaba el desarrollo racional del país, dinero para nosotros tenemos de sobra. Y a buena parte, tú con esos indios infelices, que los tienes a dieta de maíz y bofetadas.

—Reconocerás que los negros trabajan mejor que los indios.

—Al tema, al tema, dinos cuál es el plan, Luz.

—Procesión de damas católicas de luto riguroso, todas de apellidos. Quinientas mujeres de lo mejorcito de la sociedad, nada de huachafas, cholas ni busconas. Marchar hasta la Catedral, a presentarle una carta protesta a Su Ilustrísima, tinta en sangre.

—¿Y si no quiere recibirla?

—Se la clavamos en la puerta de roble.

—Como Lutero, el hereje, que todos sabemos está en el infierno. Me lo aseguraron las monjas de la doctrina.

—Sí, hija, pero aquí los herejes son ellos. Anular veinticinco años de días con sus noches —la marquesa señaló para la alcoba Luis XV—. Como si fuera posible hacerle eso a un hombre a la fuerza por tanto tiempo.

Lo que en verdad ocurrió después de la cabalgata de Lady Godiva, no lo aclaró nunca ni la historia ni la leyenda. Al parecer hubo paliza épica, seguida de reconciliación amorosa de índole epiléptica. Lo cierto es que cuatro meses más tarde, el matrimonio del Presidente de la República era anulado por falta de consentimiento.

Dos días después, Edelmira y el Supremísimo se casaban en la intimidad, oficiando el capellán de Palacio, sin más asistencia que los edecanes y la aristocrática parentela de la Primera Dama, acompañados de títulos y hambre. Edelmira lucía muy atractiva, el rostro enmarcado en la mantilla de su bisabuela, prenda que siempre hubo de acompañar al altar a las vírgenes de la familia desde 1737. En el momento solemne, el novio depositó en las manos de su futura las trece monedas de oro de Cajamarca. Estaba la novia alhajada, sencilla pero elegantemente, con un collar de perlas singalesas —obsequio de su prometido— y la sortija de esmeraldas, reliquia de familia.

Mario Gutuzzo, el artista veneciano que ha puesto taller frente al Parque de Begoña, favorito orfebre de nuestra sociedad más exclusiva, recibió el encargo de confeccionar —siguiendo un modelo renacentista atribuido al genio de Benvenuto Cellini— las más suntuosas sandalias de plata. Que, al mes escaso de la boda, calzaría a la medida, para admiración de las vírgenes casaderas, el san Antonio de escayola, entronizado en la capilla principal de Palacio.

—Ociosas degeneradas, Sangre de Toro con chicha y limonada, no sé para qué se preocupan tanto de la grandeza de sus antepasados, cuando ellas son tan pequeñas.

Si se creerán que yo no sé lo que hablan ¿y para qué hay criados? ¿Para qué hay Seguridad del Estado? Nada político me es ajeno, y el chisme es política. Y no te rías de mí, corsito, que aquí un chisme de mujer puede derribar un imperio. Ellas empiezan y siguen sus maridos, todos ellos cornudos espirituales. Si la grandeza de un hombre está en proporción directa a los obstáculos con que se enfrenta, no tengo nada que envidiarte, con tu victoria de Austerlitz y todo, nunca tuviste tú que sufrirlas a ellas, y no me vuelvas a sacar hoy lo de Lady Godiva, déjate de darme golpecitos en la frente que no estamos en París y aquí esas bromas cuestan sangre. Sentiría tener que retarte a duelo, Napoleón. El embajador francés se negaría a ser tu padrino. Y si me sacas lo de Lady Godiva, te diré que su adulterio fue visual y el de tu Josefina, mientras tú hacías el camellero en las Pirámides de Egipto, fue táctil. Anda ahí te duele, emperador del cuerno. Para hacerte francés, Napoleón, tuviste que aceptar la civilización de la cama.

—Pase usted, coronel Quiñones, estaba dictando un memorándum. Ya sabe usted lo que tiene que hacer. A mí no me la van a dar esas oligarcas de horca y oreja de indio, si pueden vivir ociosas es porque el Gobierno las mantiene a pura sangre indígena. Actúe, coronel Quiñones, con todo el peso de las leyes, respaldado por la opinión pública, evite usted esa coacción contra las autoridades eclesiásticas, que gozan de la protección del ordenamiento jurídico. Y si me falla, embárquese para los Estados Unidos de América, allá lo cogerá a usted el Ku-Klux-Klan.

El aludido, cholo pinturero de la Dirección de Seguridad, contuvo una sonrisa despreciativa, a sus órdenes, Supremísimo, saludó militarmente chocando las botas.

Ahora verían las señoronas. Hasta hoy habían sido lomo prohibido. El código penal se aplicaba según el color de la piel y la forma de la nariz. Excepción: Un negro con libreta de cheques era blanco. Particular que diferenciaba a la América del Sur de la del Norte.

—Napoleón, a ti todo te fue más fácil. Tú tenías a Fouché, yo me tengo que contentar con el Cholo Quiñones.

Enlutada, lenta, muda, la comitiva de mujeres de alguien, se acerca, con paso de tragedia griega, a la antigua Plaza de los Virreyes. Son alrededor de ochocientas damas decentes. Más de las que se creía se podían reunir en la ciudad. Pero hubo que darles cabida a las del Partido Liberal que amenazaron con hacer cofradía independiente.

Se originó la procesión en el palacio de los marqueses de Sangre de Toro en la ciudad vieja, y ha recorrido cosa de dos kilómetros y medio bajo el sol, rehusando toda sombrilla, en señal de penitencia. Algunos desaprensivos trataron de hacer burla en el trayecto; los disuadió el porte de las damas, el silencio, la expresión de dolor contenido. Al pasar el puente dos indios, vendedores de anticuchos, cayeron de rodillas, se santiguaron. Imítanlos las vendedoras de rebozos, de humitas, conchitas, frutas, paltas, choclos, billetes de lotería, el Supremísimo de la suerte para hoy, mendigas.

Susurra la marquesa de Sangre de Toro —repasando las cuentas del rosario de la reina María Luisa— al oído de doña Cecilia Andrade y Sánchez de Canseco: —No hay nada como tener clase, hija, hemos impresionado hasta a las cholitas. —Claro que sí, guapa, así fue como Pizarro conquistó el Imperio.

Crece la expectación al aproximarse a la plaza. Las puertas de la Catedral han permanecido cerradas toda la mañana. La discreta embajada que había enviado Su Ilustrísima hubo de fracasar en sus esfuerzos para suspender este acto de coacción que sólo puede interpretarse como piedra de escándalo.

Por una de las bocacalles que desde el extremo opuesto de la ciudad desemboca en la plaza, avanza disciplinada, compacta, otra procesión, como río de tambochas. Al frente, hormiga reina, marchan las caderas mapamundi de Lupita la Prieta. Propietaria-gerente del reputado establecimiento «Contigo en la Distancia». Cualquier marinero del atareado puerto podría identificar otras personalidades, tocadas de negras mantillas y velos de viuda.

La Lupe hace una señal agitando en alto, bandera samurai, el preservativo de un marinero sueco.

—A ellas, muchachas. ¡Patria y Religión!

Las señoras de alguien, dignidad ofendida, se baten en nerviosa, confusa, gimiente retirada. Lupe araña con su peineta de carey.

—Desde Palacio, el Supremísimo, con los prismáticos Príncipe Alberto, que Lord Fry le trajera de Londres, hace ya tantos años, observa la aterrorizada retreta del honor. Se vuelve, carcajeando a Villa Vicencio: —Doctor, hágame un decretico, ascendiendo a brigadier al Cholo Quiñones.

La marquesa de Sangre de Toro tiene un momento de discusión filosófica con la honra, luego se quita los zapatos —modelo Antoine de París— y clava el tacón en el sobado cuello de Olguita *Siete Potencias,* la popular pupila de «El Amor de mi Bohío», callejón de la Concha número cuatrocientos veinticuatro, tercer piso derecha, pregunte por Olguita o Mimí.

Doña Cecilia, Luz Divina, la marquesa de Anunziata-Mendoza, la baronesa de Prado Alegre, embisten en furia épica de cien apellidos ilustres reforzada con tesón de sardineras defendiendo el empleo.

En congoja y angustia, desde la torre arzobispal, Su Ilustrísima da orden de tocar las campanas a ataque de piratas. Alarma que no se escuchaba en la capital desde que los luteranos la amenazaron en 1694.

Se quiebra la lucha en escaramuzas individuales, despiadadas, guerra de guerrillas latinoamericana de moño y uña.

Margarita Santelices de Oña —hija del ex-senador y esposa del prominente hombre de negocios tan exitoso— monta sobre el abdomen fregado de Lucía Dávila, *la Tragaldabas*. Patadas, arañazos, tortura china del moño. Le muerde una oreja.

La experiencia recupera, tras unos minutos, la iniciativa, con precisión de industria taylorizada. Los más rancios apellidos, en ropa más o menos interior, y hasta sin ella, abandonan el campo en trote de mulita derrengada huyendo de huayco andino.

La marquesita de San Sebastián —flor de puna, tapada de harén, alma de noche playera— no se da por vencida ni por arañada. Se embravece al recordar que el fundador de la familia, el alférez don Pablo de la Roca, salvó las huestes castellanas en Caxamarca, arrebatando, en singular combate a Manco Cuyunqui, curador de las Vírgenes del Sol, el pendón de la luna. Menudo pie descalzo, machaca tacón en mano las hordas ninfoportuarias. En el seno perfumado y agresivo, abriga las ochocientas firmas destinadas a Su Ilustrísima.

La plaza, escenario de la proclamación de once reyes, dos repúblicas, cinco revoluciones, dos presidentes colgados de faroles, está anegada de peinetas rotas, mantillas desgarradas, abanicos de nácar desvarillados, zapatos sin tacones, rebozos en harapos, ropas interiores y exteriores. La estatua de Pizarro ostenta en la cabeza un velo negro de tapada, heroica tizona en la derecha mano y, en la izquierda, una sudada pantaleta de señora. Hay olor a sangre y marisco. Brilla el sol. La marquesita de San Sebastián, cara de ángel, gracioso cuerpo, está a cinco metros de la puerta de la Catedral, claveteada en plata. Lupe *la Prieta,* encabeza una escuadra suicida, no pasará.

La marquesa golpea con el tacón del zapato, la puerta catedralicia. Conferencian adentro deanes y el arcipreste. No hay precedentes que yo sepa, la doctrina del caso fortuito, doctrina de los escrúpulos, doctrina de la autoridad putativa. La garra de la Lupe, luenga y uñisucia, despelleja el temblequeante seno de la marquesita, de fama capitalina; pendiente de ónix se incrusta en una oreja; páginas de firmas preclaras, collares de semillas africanas, retazos rosados de encaje de Bruselas, ganchos y broches, piel con tatuajes obscenos, danzan en el pórtico de la Catedral.

En Palacio, la banda de coraceros ejecuta *La Marsellesa.*

El Supremísimo sonríe, iluminado por su luz interior. Qué claro estaba Carlyle, ese genio europeo de la literatura cuando llamó al héroe: El tuétano de la historia, matriz del destino. El personaje que debe decirnos lo que debemos hacer para ser felices. El dios de este mundo que conduce a los demás hombres al paraíso que pueden entrever, pero nunca alcanzar por sí mismos:

guerrero, profeta y sacerdote de la humanidad. La sombra del héroe se proyecta sobre sus semejantes menos capacitados. Acabo de destruir para la posteridad el poder de la aristocracia nacida de la conquista de América y de los criaderos de puercos en Extremadura. El futuro de Hispanoamérica sólo reconocerá una aristocracia: la del servicio al Estado. Si Lutero y Napoleón eran montañas alpinas, como dijo el sabio inglés, yo soy el volcán de los Andes. Dos mil metros de diferencia.

16

—Usted era la que llevaba las firmas, no lo niegue.
El coronel Quiñones interroga, en su despacho, a la marquesita de San Sebastián, vestida con el poncho de un soplón policíaco, que se pudo apañar como medida de primeros auxilios.

—Más vale que se deje usted de interrogarme como si yo fuera una criadita que se llevó una sortija. Usted sabe quién soy. Pronto estará aquí mi marido con el auto de libertad, es íntimo amigo del juez de instrucción.

—Los pondremos a los tres en el calabozo.

—Somos gente respetable, toda mi familia.

—Hay algo que usted olvida, señora. Su gente lo puede hacer todo, menos amenazar la seguridad del Estado.

—El Supremísimo se cree el Estado, ¿verdad?

—Además de bonita, es usted insolente. Déjeme leerle la lista de cargos, con arreglo al Código Penal: 1) manifestación ilícita 2) desorden público 3) desacato a la autoridad 4) asalto a dos agentes del orden público y a tres sacristanes 5) asalto con objeto pérforo-cortante —el tacón de su zapato se clavó en la nariz de doña Guadalupe Gómez de Posada, infligiéndole daños de consideración, lo que le puede producir, a esta señora, incapacidad para el trabajo 6) conspiración contra los Poderes del Estado.

»Un estimado conservador de quince años de prisión o treinta en el convento de Arrepentidas, señora marquesa.

—¿Y qué te pareció mi policía, Napoleón? Con qué prontitud quedó restablecido el imperio de la Constitución y las leyes. El cholo Quiñones no será Fouché, pero está aprendiendo. Se ha garantizado el respeto a las decisiones de los tribunales, que para algo estudian. Una manifestación de damas histéricas carece de eficacia jurídica para casar una sentencia con arreglo a derecho.

Te llaman el Grande, Napoleón, y reconozco que lo eres, pero es fácil ser grande por allá. Civilización, respeto, cocina francesa y todo lo demás. Aquí no hubieras podido ser ni administrador de correos. Mis compatriotas, en cada inodoro público, convertido en heraldo de la mañana, hubieran escrito que Josefina te pegaba los cuernos. Violación patente del derecho de familia según el jurista Ulpiano. El código de honor te hubiera obligado a la renuncia y al duelo a última sangre.

Está bien, Napoleón, me ganaste ésta: Tienes razón en afirmar que un país en el que la libertad de prensa se manifiesta, fundamentalmente, en los inodoros, no puede ser nunca parte de Europa.

—En vista de su disposición a cooperar plenamente con las autoridades del Estado, señora marquesa, estimo que podemos hacer una excepción en su caso. El Gobierno es generoso, como declaró el Supremísimo en su discurso, queremos darles oportunidad de rectificar a los equivocados. Sin embargo es evidente que si vamos a mantener el respeto a la ley y a las instituciones, es de todo punto imprescindible el procesar, hasta su justa condena, a alguien. Me refiero, claro está, a la persona que tuvo la osadía de llevar consigo la carta de ochocientas firmas, en la que se insultaba, en forma irrespetuosa y poco menos que soez, a los organismos del Estado, amén de tratarse con escasa consideración a las autoridades eclesiásticas. Tengo que decirle, francamente, que el Supremísimo no admitirá nada menos que la condena de dicha persona con arreglo a las leyes.

—Pero... —palpita el juvenil pecho erguido de la marquesa de San Sebastián.

—...déjeme concluir, señora marquesa, me refiero, claro está, a la señora doña Cecilia Andrade y Sánchez de Canseco, la que según información confidencial que obra en poder de esta Dirección de Seguridad, era la portadora del libelo firmado dentro de apretado corsé.

—Es que... la pobre Cecilia... ni siquiera llegó a la puerta de la Catedral, es la verdad.

—¿Y quién le mandó ser fea?

Quiñones toca los senos de la marquesita de San Sebastián, la que —«después de todo no es mal parecido, y hoy en día una nunca sabe»— se deja hacer entre resignada y curiosa, «¿lo sabrán hacer los cholos?».

17

Reunión de columnas de la nación en la Hacienda Vista Hermosa, mayorazgo de don Bienvenido Hernández de Marcilla y Segura de Robles, marqués de Sangre de Toro. Amplio caserón del siglo XVII con goteras. En el patio central, coches de caballos, calesas, rosas y gladiolos, un antiguo cepo algo oxidado, el roble de la familia carcomido de tambochas, hamacas de algodón bordadas para la siesta.

En los campos, plantaciones de algodón, siembra de tomates y alcachofas, fresas y hortalizas, maíz. Caserío de indios acomodados: chozas de adobe color mostaza en calles de fango. Junto a un burro leproso de resignado mirar, la mujer de un peón, tez cobriza, edad indefinida pero siempre vieja, despioja la cabeza de un niño que se entretiene orinando sobre las hormigas.

Salón de recepciones de la hacienda. Gran mesa de caoba, servicio de porcelana de Sevres, copas de cristal de Bohemia brillan bajo la araña de baccarat, en las paredes cabezas de enemigos reducidas por los jívaros. A la mesa, cuarenta hombres que visten de indios y comen como blancos.

Tiene la palabra, el poncho terciado, sombrero bajo la nuca, don Domingo Argüelles, *Michi*, el prestigioso negrero. En sonrisa de líder se está dirigiendo al dueño de la casa, también líder: —Gran idea la tuya, Bienvenido, de hacernos viajar de indios.

—La policía secreta del Supremísimo desbarató la última conspiración porque todo el mundo fue a la reunión vestido de frac.

—El indio no conspira. Si se reúne es para velorios y bautizos. O para comerse una ovejita que le regala el amo, porque está tuberculosa.

—Estaba pensando en despenar a uno de los peones de la hacienda, que ya está desahuciado por la bruja, para darle realismo a la cosa.

—Parece idea del Supremísimo.

—Yo sólo quería garantizar la seguridad —responde el amo de la hacienda, ligeramente corrido.

—Esta situación no puede tolerarse más —es la voz del obeso marqués de San Sebastián—. A mi mujer la desnudaron, frente a la Catedral, dos prostitutas. De las más baratas.

—A la mía le fracturaron el hueso de la cadera.

—Hicieron trizas la mantilla de mi abuela, doscientos años de historia.

—La ropa interior de mi mujer apareció en el caballo de Pizarro. Colgada de los...

—El Supremísimo ha ido demasiado lejos.

Interviene, lengua conciliadora, don Ramón Fuentes, el conocido hacendado del azúcar: —Ahora, cuando había dinero en el país por primera vez desde la independencia, cuando el plan de recuperación económica y desarrollo derramaba sobre la masa ciudadana un torrente de bendiciones...

—Eso tú lo dices por el decreto que te permitió quedarte con las tierras de tres comunidades indígenas, por unos centavos. Doce mil hectáreas, tengo entendido.

—No era tanto. Y además tuve que pagarle a la tía del Supremísimo y a la nodriza de sus nietos. Lo que tenemos que reconocer, caballeros, es que todo ha sido culpa de nuestras mujeres que se han atrevido a lo imposible: desafiar al Supremísimo. Por este camino vamos al desastre —ripostó Ramón Fuentes, mientras calculaba mentalmente la pérdida en la molienda azucarera, caso de guerra civil como quieren estas cabezas calientes.

—Pues yo creo que podemos estar orgullosos de la conducta de nuestras mujeres, que en todo tiempo se mostraron a la altura de las circunstancias —señaló el marqués de San Sebastián—. Mi *Poupée* le dijo hasta alma mía al coronel Quiñones.

—Y el Cholo ¿qué hizo?

—Bajó la cresta.

—Puedes estar satisfecho, Gonzalito —acotó el dueño de la casa, rascándose la nuca donde el poncho había alojado una pareja de insectos subversivos, al parecer piojos por el escozor, y prometiéndose mentalmente ponerle cepo al mayordomo—, es verdad que nuestras mujeres, y especialmente la tuya, hicieron honor a su prosapia. Todo el mundo lo comenta. También es verdad que en organizar la procesión fueron imprudentes y actuaron contra nuestros intereses, pero ¿cómo íbamos a evitarlo? Cuando yo le dije a Amalia: Bomboncito, por favor, no te metas en esto. Mira que el Supremísimo tiene sus defectos, pero malo no es. Me contestó: «ya yo me imaginaba que tú también andabas buscando una anulación de matrimonio, degenerado. Todos los hombres son iguales».

—Repito que no perdamos la cabeza, podemos perderla literalmente, soy partidario de pedirle una reparación conciliatoria al Jefe de Estado; hablando los hombres se entienden —insistió Ramón Fuentes.

—Ramoncito, no se trata de dinero. Se trata de honor.

—Si dejamos pasar otra ofensa sin lavarla con sangre, no habrá mañana indio que nos haga el café.

—Hay que ir a la revolución armada. Verticales como nuestras mujeres —resumió el marqués de San Sebastián.
—¡Honor o Muerte!
—Venceremos —contestó el marqués. Se golpeó el camafeo de familia donde afloraba, nácar y marfil, el vigoroso busto de la marquesita.

La inauguración del hospital de San Francisco prometía ser el gran evento del año. El Gobierno había destacado, justamente ufano, el tiempo récord en que fuera construido. Hechos y no palabras. —Servir es la mejor forma de amar, son las divisas que animan al régimen —pergeñó Miguel de Cervantes en su leída columna de *El Eco*. El nuevo hospital con sus ochenta y nueve camas es el primero de su clase en la América Latina y puede parangonarse con la frente alta con los mejores de Europa y los Estados Unidos. De Alemania han mandado una comisión de especialistas a estudiarlo. Verá usted, sin patrioterías que no se avienen con mi carácter, pero allá no tienen otro igual.

Desde los balcones en que el penúltimo virrey había proclamado a Fernando VII por la Gracia de Dios y la Constitución, maravillas artísticas enrejadas en maderas preciosas del Oriente con incrustaciones de dentadura de caimán, el Supremísimo había proclamado el jubileo del *Año de la Paz*. Denominación de carácter obligatorio en todos los documentos oficiales, certificaciones, actas notariales, actos de última voluntad, letras de cambio y documentos mercantiles, impresos públicos y privados, actas del registro civil, bodas, bautizos y entierros, y cuya omisión en el encabezamiento, de carácter doloso o no, determinaba la nulidad del acto con arreglo a derecho, según confirmara en recurso de casación la Sala de lo Civil del Tribunal Supremo de Justicia en el recurso interpuesto por el Ministerio Fiscal a nombre y en representación de la República, no se hace condena de costas.

Autoridades, Cuerpo Diplomático, clases vivas, profesionales y pueblo en general asistieron a la ceremonia inaugural en patente gesto de entusiasmo y de solidaridad con el Gobierno frente a los perturbadores de la Paz Pública.

A la hora señalada apareció el Supremísimo. Vestía hábito pardo de estameña, hilado, según se dijo, por sus propias manos: cilicio al cinto; al cuello una áspera cuerda de abacá que hería sus carnes; rosario de cuentas de vidrio sin pulir, entre los dedos; sandalias de cuero rústico. Había venido, los ojos bajos, a pie desde Palacio, sin otra escolta que cincuenta coraceros vestidos de monje, y seguíalo gran multitud atónita. No crea usted, es una promesa. A cumplidor no le ha ganado nadie, eso sí. No es promesa, no señor, mi prima que trabaja en la limpieza de alcobas de Palacio, me asegura que todo es parte de la novena por la Paz de la Patria y buenas intenciones del Jefe de Estado. Pues, para mí, que se trata de penitencia por los pecados. Oiga usted, mire lo que dice, está hablando con un miembro de los Comités de Defensa y Progreso, el Supremísimo no peca. Ni puede pecar cuando habla en discurso.

Rodeado del sorprendido Consejo de Ministros, que vestía de frac o uniforme con condecoraciones, vestimenta que confirmaba los rumores sobre crisis del Gabinete, pronunció, el Supremísimo, la siguiente oración:

—En el día de hoy, el Gobierno de la República, de

quien soy el último siervo: polvo, y más que polvo, nada, se complace en inaugurar una Obra de Amor. Se nos ataca y se nos calumnia, se nos amenaza con la violencia en lucha fratricida, y sin embargo nunca hay mayor placer en nuestra alma que cuando podemos contribuir a aliviar el dolor de un ser viviente. Ésta es nuestra sola satisfacción, nuestro único galardón en la desventurada senda por la que transitamos los desterrados, hijos de Eva.

»No es secreto para nadie el que en estos momentos, las fuerzas de la codicia, los intereses creados y la ambición se conjuran contra la Paz del Pueblo. Es fácil al Gobierno aplastar al enemigo con sangre. Pero es de cristianos ofrecer la otra mejilla. Aquí tenéis la mejilla de vuestro Supremísimo, dispuesta a recibir no una, sino diez mil bofetadas, con tal de mantener la Tranquilidad y Prosperidad de que, hoy en día, goza nuestra Patria. Que la Paz del Señor sea con Vosotros, Mis Queridos Hermanos.

Con visible ternura, procedió a cortar la cinta morada, cuidadosamente, sin hacerle daño. Acompañado de los inquietos ministros y del decano del Cuerpo Diplomático, el Primer Asceta recorrió los salones del hospital que olían a fresco salfumante.

—No, haga el favor de dejar tranquila a la hermana mosca —rogó cuando el ministro de Obras Públicas, en inútil afán de quedar fuera de la crisis, trató de aplastar a un insecto que revoloteaba, chupóptero, sobre la sangre que se derramaba del Supremísimo dedo gordo del pie, herido por el cuero sin curtir de la sandalia en prolongado viacrucis.

En el salón tercero —enfermos infecciosos— el Supremísimo lavó los pies de una vieja, sospechosa de fiebre tifoidea. Luego le dio a beber el agua al ministro de

Salubridad que no se resignaba a la crisis del Gabinete.

La acedía espiritual de la tarde, ocurrió cuando el cabo de coraceros, Simón Pantoja, que no había escuchado la referencia a la hermana mosca, hubo de aplastar a una que le venía dando vueltas, contra la pared del comedor del personal médico, entre exclamaciones de horror del Consejo de Ministros y un principio de desmayo del titular de Agricultura.

De vuelta a Palacio, el Supremísimo se quitó el hábito de estameña, lo dobló cuidadosamente y lo colgó en el ropero, junto a su variada colección de vestimentas y alcorzas. Se puso el uniforme y encasquetóse, frente al espejo, el bicornio napoleónico.

—Al cabito Pantoja, me lo fusilan esta madrugada, por desobediente y atrevido.

El rostro compungido —ahora que este valle de lágrimas se le había tornado sabroso a uno—, el brigadier Quiñones aparece en Palacio, papel impreso en mano. Se trata del manifiesto a la opinión pública y ciudadanía consciente suscrito por Sangre de Toro y el marqués de San Sebastián a nombre de la Junta de Recuperación Nacional y de la Agrupación Patriótica Hijos del Sol.

—Es la guerra —dice el Cholo Quiñones, la faz demacrada, ojeras color ceniza, cuello amoratado, huellas tumefactas de dientes menudos y parejitos.

—Han rechazado la Paz —resopla, lee, bufa, estornuda rapé parisién, el Supremísimo—. ¿De qué me acusan en este fratricida manifiesto digno del basurero de la Historia? De perpetuarme en el poder. ¡Ignaros! Esta gente no lee y si lee no entiende, analfabetos son de la historia terráquea. Si el poder, por su naturaleza, es como la joroba. Tiende a ser perpetuo, salvo en casos de operación. Y las operaciones, a pesar de esa anestesia moderna que llaman democracia, son siempre dolorosas.

Se limpia la cara con el-pañuelito-blanco-que-Edelmira-le-dio. —Me enrostran también esos hijos ilegítimos de putas y virreyes algo que llaman, con gran desparpajo, «apropiaciones indebidas». Si es verdad que he tomado —alguna que otra vez— dinero de fondos públicos, pongamos por caso: la emisión de Navidad de billetes de banco, idea luminosa del doctor Huaco, que por otra parte ya ha satisfecho a los prejuiciados de conciencia dispéptica, presentando generosamente su renuncia irrevocable, nunca lo he gastado en mí, sino en la Gloria. Ya Napoleón dijo —o si no lo dijo, debió decirlo— que entre las amantes, la Gloria es la más cara.

»Sólo un pueblo de cretinos puede aspirar a que la Gloria Nacional resulte económica. Como si fuera una puta mala. Con presupuestos balanceados lo único que se consigue es un asiento en la cazuela de la Historia. Y con chinches, las más veces.

—Hermano Napoleón, el Poder es el Reino de los Cielos. En esto el pobre san Francisco, sería muy santo y todo, yo no te lo niego, pero falló. ¡Y qué no haríamos tú y yo por el Poder! Hasta vendería a mamá, lo más querido que tengo en esta vida. ¿Y qué me dices tú de la señorita Leticia Ramolino viuda de Bonaparte? La única que te fue fiel en Santa Helena. Mira emperador, toda la ciencia de gobierno está en no viajar nunca a Santa Helena. Así no tenemos que averiguar quiénes son fieles.

—La desgracia mía es no haber tenido a tu Fouché, que me hubiera prendido a estos conspiradores del ocio y la poltrona antes de que se bajaran de la hamaca. Yo no sé lo que le está pasando al Cholo Quiñones últimamente. ¿Tú te has fijado, emperador, lo gastado que parece? Sin Ministerio del Interior implacable, no hay país. Fusilo, luego existo.

18

Y salen al campo del honor, audaces guerrillas, montoneras inmortales, capitanes de partidas, quijotes de lanza en astillero e indio corredor, siempre dispuesto a verter su sangre por el patroncito.

—Me lo debían todo. Cría ricos y te sacarán los cuartos. —La carótida del Supremísimo amenaza salírsele del cuello a combatir las guerrillas—. Y me traicionan en el momento en que necesitábamos paz para atraer a la inversión extranjera. Cuando el ferrocarril comenzaba a dar sus frutos. A ver, ¿con qué contamos, brigadier Quiñones?

—Los cuarteles de la capital se mantienen leales a la Constitución y las leyes. La marquesita de San Sebastián ha organizado un Comité de Damas para ir a servir de enfermeras al frente. Ha declarado que con dolor de su alma tiene que condenar el pronunciamiento faccioso de su marido y que se mantiene junto a la Patria frente a la agresión.

—¡Ésa es una real hembra, carajo!

—Lo que es este trabajo de policía, Supremísimo, apenas me he fijado. Pero ahora que usted lo dice, pues sí, es un bomboncito.

—Sabe usted, brigadier Quiñones, que esa marquesita sí es una hembraza que vale la pena y todas las penas. Todavía más, si fuera yo un par de añitos más joven...

—Ahí no hay nada que hacer, Supremísimo —exclama, semblante ceniciento, el responsable del Interior —es mujer locamente enamorada de su marido. Lo que quedó muy impresionada la otra noche, con el programa de Gobierno.

—Dejemos las mujeres que, créame usted brigadier, véalo en mi caso, siempre acaban trayendo dolores de cabeza al hombre público. Sin ir más lejos, ya lo dijo el cardenal Richelieu —ese Supremísimo eclesiástico—: *La mujer es animal bien extraño. Piensa uno que es incapaz de hacer mucho mal, ya que desde luego es incapaz de hacer ningún bien. Pero en realidad no existe nada de tanta capacidad para destruir el Estado, como ella.* Por algo el cardenal francés, haya tenido o no hijos ilegítimos, hizo voto de castidad.

El acogitado Quiñones reanudó el estudio de la cosa pública: —De las provincias, los datos que recibe el Servicio de Inteligencia son confusos. En el norte, el general Sánchez Torralba —eterno aspirante a la Presidencia por el estamento de analfabetos, que es mayoritario en este país— ha secundado a los inmundos de Sangre de Toro. El marqués de San Sebastián ha ganado la guarnición de Los Mameyes sin disparar un tiro. En el centro se ha alzado un montón de indios de la Sierra, pero parece que están contra ellos y contra nosotros. Los manda un viejo loco, alcalde fugitivo de Huallantay por muchos años, notorio mascante de coca. Engaña a los quechuas con viejas profecías, de esas que nunca se cumplen. Se ha proclamado descendiente directo de los incas, hijo del Sol y de Mama Ocllo, la Luna. En verdad es hijo de una criada india y del cura del pueblo, don Rosendo.

—Hay que desmitificar a esos indios.

—Pero ¿cómo?, si no saben leer.

—No me da usted más que malas noticias, brigadier, aparte de la situación en la capital.

Los informes de Quiñones discrepaban con la incomodidad de la verdad, de la dulzura de la letra impresa. Que sabía falsa y sin embargo confortadora, con la tibia seguridad de los cuentos de Pulgarcito y El gato con botas, que de niño solía leerle, a la hora del sueño, la tía Margot. Su favorita. Hoy una preclara anciana de aspecto angelical, trajinante y consignataria exclusiva del ministerio de Obras Públicas.

No había tenido tiempo Cervantes Saavedra de redactar sus *Comentarios de Actualidad,* pero los editorialistas habían suplido brillantemente su ausencia. La página de fondo aseguraba que *el Gobierno tenía bajo control absoluto todos los puestos militares, que el pueblo se alistaba por miríadas en la milicia patriótica y que la situación de los facciosos era desesperada, habiendo solicitado Sangre de Toro asilo en la embajada de Nicaragua.* ¿Por qué no podrá uno leer la verdad en su propia patria? Por un instante, se sintió ferozmente oposicionista. Luego recordó, algo contrariado, que Él era la Patria.

Se rumoreaba, aunque nuestro corresponsal no había podido confirmarlo por el momento, que el marqués de San Sebastián, en kimono, se había hecho el harakiri ante una taza de té.

—Del sur no se sabe nada. Siempre han sido muy levantiscos. Unos dicen que han proclamado la república federal y otros el comunismo de mujeres. Pero no hay nada seguro. He de añadirle que el jefe del estado mayor del ejército, general Bango, a pesar de todo se siente optimista. Yo no; creo que ya está vendido al lado de allá, pero no sale al descubierto hasta ver quién va a ganar.

—¿Por qué lo dice?

—Los oligarcas...

—Brigadier, no emplee esa palabra de la que tanto han abusado masones, liberales y demagogos, usted sabe que me la aplican a mí también, cuando no quieren llamarme tirano.

—Usted perdone, Supremísimo, me refería a las ratas antipatrióticas. Según informes fidedignos, suministrados por el Comité de Damas a la Dirección de Seguridad, las ratas le han depositado al general Bango una bonita suma —no sé exactamente cuánto— en un banco de New York, de acuerdo con la más pura tradición de los golpes militares en nuestra patria. Si el hombre se decide y pierde, al menos tiene la papa a la huancaina garantizada por el resto de su cochina vida.

—¿Y qué hace el hombre?

—No se decide.

—Aunque me esté mal el decirlo, es sin lugar a dudas el temor que tienen todos a mis habilidades políticas y militares.

—Héroe de Chuquimay.

—Vencedor de San Fernando de los Caballeros.

Escribió Miguel de Cervantes, en su comentario editorial de *El Eco del Mundo*: «En momentos de peligro, como dijera el almirante Nelson, la Patria espera que cada cual cumpla con su deber».

La marquesita de San Sebastián, automotriz y meneante, agotaba, en apretadas cabalgatas, el presupuesto orgánico de Seguridad del Estado.

El Cholo Quiñones se había vuelto melancólico y distraído y comenzaba a escribir poesías eróticas al mar-

gen de oficios confidenciales, órdenes de detención e
instrucciones reservadas al sindicato de espías.

—Está usted muy afrodítico, brigadier —comentó
el asombrado Supremísimo una mañana en que, por descuido del amanuense, había llegado a la Presidencia, de
puño y letra del ministro del Interior, el poema drolático
en cuatro escenas *La última noche,* perdido entre los
memorándums que denunciaban los contactos secretos
del marqués de San Sebastián con el cuerpo diplomático.

Por las madrugadas, el Cholo Quiñones soñaba que
la marquesita era una hurí del paraíso dotada de tres
sexos a cual más femenino y sediento.

Se despertaba rugiendo sofocado, al contacto tibio de
la heroína que dormía con las carnes desparramadas.

Con la respiración acompasada de la noche, adquirían
sus redondeces, arriba, abajo, un ritmo hipnótico. Detrás
de cada curva de la marquesita había una aventura
por crear. Exhalaba un perfume de repostería fina de
mujer.

El Cholo, por primera vez en su vida de garra y oreja
al servicio de las instituciones públicas y el orden en
general, se sentía vencido.

—Dime que huirás conmigo por esos mares de locura,
si triunfa el cabrón de tu marido.

—Ti, tolito.

—Tu carne es un cisne azul, bañado en champán
rubio, a las orillas del Sena —aseguraba Quiñones, que
había adquirido varios tomos de la más moderna poesía.

—Cholito lindo —la mano de la marquesita, tus
cinco ángeles de nácar y marfil, que decía Quiñones, resbalaba, lenta y voluptuosa.

—Un deseo loco, llama flameante, ilumina el desierto
de mi vida triste.

—No me aprietes tanto, mi negro, que me duele el Parnaso.

Celebró un consejillo confidencial con el emperador. Único personaje en quien confiaba en estos momentos.

—Napoleón, a mí sí que estos degenerados de la aristocracia caduca no me dan por el Waterloo. Verás como los mando a todos para el *water-closet*.

Ha entrado, interrumpiendo insólitamente el diálogo entre los dos monarcas, el Cholo Quiñones. Rostro sombrío, mano en el bajo vientre, expresión preocupada de hombre en amores agobiado por demandas imposibles de su corazoncito, al borde de la depresión nerviosa en vísperas de asilo diplomático o de alienados.

—La marquesita de San Sebastián, estandarte del Cuerpo de Enfermeras, pide un favor de los Poderes Públicos.

—Para esa Agustina del Altiplano, todo.

—La libertad de doña Cecilia de Andrade.

—¿De esa subversiva que portaba entre sus senos —bastante flojos, por cierto— la obscena misiva en la que se injuriaba a los Poderes del Estado y se amenazaba a Su Ilustrísima con retirarse de todas las tómbolas benéficas? Infórmeme, brigadier Quiñones, ¿en qué posición está el doctor Andrade?

—Acostado en la cerca. Como de costumbre.

—En ese caso visítelo y ofrézcale la libertad de esos senos fláccidos en testimonio del afán de bienestar que anima a este Gobierno. Exíjale una declaración de apoyo al ordenamiento jurídico y trescientos indios para defender a la Patria.

—Es que... la marquesita quisiera que le hicieran otro favor de carácter más vital...

—No cabe duda de que es muy entusiasta, pero esa mujer sale cara.

—Supremísimo, la marquesita ruega que le conceda el divorcio.

—¿Pero se da usted cuenta de lo que me está pidiendo, brigadier? Que autorice un pecado contra el sexto. Y ni siquiera de los de pensamiento que siempre son confidenciales. Y en un momento en que necesito si no el apoyo, la neutralidad de la Iglesia.

—Supremísimo, por favor no interprete mal lo que le voy a decir, pero hago mía la petición de la marquesita. El caso es que sus actividades secretas al servicio de la Patria resultan indispensables para el funcionamiento más eficiente del Ministerio del Interior. Es nuestra fuente más meritoria. De perderla, se nos cae todo el andamiaje.

—Fui testigo de ese matrimonio y siempre pensé que estaba solemnizando las nupcias de la Bella y la Bestia. Al marqués lo tuve de ministro, era la época triste anterior al desarrollo y cada vez que hacía falta dinero para el café, en el Consejo, era el marqués quien echaba mano al bolsillo. El Gobierno no podía prescindir de él. Cuando mejoró la situación económica, lo hice presidente del Patronato Nacional de Sordomudos. Que al menos tenían la ventaja de no poder escucharle.

»Pero esto es cuestión de principios, Quiñones: el divorcio no puede ser.

—La anulación entonces...

—Con la clase de hembra que es la marquesita, la falta de consentimiento no prosperaría ni en el tribunal eclesiástico.

—Entonces —quebró la voz, cayeron las defensas, se vomitó el alma—. ¿Nnn nn no hay modo?

—El divorcio no sería cristiano pero prométale que haré un sincero esfuerzo para dejarla viuda.

Por aquel entonces ocurrió el célebre «terremoto de San Epifanio» que destruyera las tres cuartas partes de la ciudad vieja. Al tercer día, el Supremísimo convocó a las masas sobrevivientes en la Plaza de la Regeneración. Doscientos cincuenta mil pavores: blancos, indios y cholos, unidos en democracia del terror, marcharon, traje morado, cirio cera de abejas, cilicio de cactos, azote de nueve colas, frente a las ruinas, que aún echaban chispas, de los palacios coloniales. Desfilaban, al frente del pueblo, la Dolorosa, una estatua de terracota del Señor de los Milagros y una foto tamaño sobrenatural del Supremísimo.

En su discurso —recogido por la prensa nacional y extranjera— el Máximo Líder acusó a la oposición de haber organizado el terremoto. Seis mil arrestos. Todos confesaron.

—¡Viva el Supremísimo!
—Mueran las ratas.
—Progreso o Muerte.

Bicornio napoleónico, banda presidencial, entorchados de oro, mano en el chaleco desabotonado, el Supremísimo, montado en El Libertador, entusiasma a la tropa que se deshace en quejidos orgásmicos. Junto al Mayúsculo Líder, el general Bango, jefe de estado mayor, marcial jinete, cabeza griega de noble porte, mirada aguzada de aura tiñosa que padece de anemia.

Regimiento de coraceros. Tiradores de los hijos del sol. Regimiento de artillería. Zapadores, logística y seguridad militar. Charanga de la Casa de Beneficencia. Autoridades civiles, militares y eclesiásticas. Público en general, perros e indios.

—¿Por qué se lleva al general Bango, Supremísimo? —inquiere, inquieto, señales de mordidas en el cuello y otras partes, el brigadier Quiñones.

—Es mejor tenerlo a la vista que por atrás. Así no nos puede dar por...

Desde la torre de Palacio, Edelmira Vargas de Menchaca, acariciando a *Bijou,* gato pardo de las orillas del Sena, contempla la parada militar, con emociones de Helena en el sitio de Troya.

Sables, corazas, tambores y cañones, lanceros de Chuquimay, rifles de San Fernando de los Caballeros, compiten en brillo con los rayos del sol de los incas, indígenas desinfectados de la Sierra, cholos, zambos y mulatos de la costa, blancos pobres que hacen carrera de oficiales por no tener indios propios. A Edelmira, el desfile le recuerda los soldaditos de plomo que su papá, el ganadero Menchaca, trajo a su hermanito Jaime, de Nüremberg, a la vuelta de Europa. Edelmira, estáte quieta que ésos no son juegos de niña bien, deja a tu hermano, a ti te trajimos una muñequita de París, que dice papá en francés. Ya mayorcita, en su primer viaje de entrenamiento a París, Edelmira hizo que el Supremísimo le comprara dos cajas de soldaditos de plomo de Nüremberg y una muñequita que se quitaba la ropa mientras nombraba, en francés de los barrios bajos, algunas partes del cuerpo.

Se escucha la arenga del Supremísimo a lomo del Libertador:

—¡Soldados!: la tranquilidad de la Patria, del Altar y la Familia, exige que salgáis al campo del honor. Pocas veces en la vida de la humanidad, desde la conquista de Jericó por las ungidas huestes de Josué hasta la toma de Troya por los épicos héroes del ciego inmortal, se ha brindado a un grupo de hombres machos la oportunidad de grabar con letras inmarcesibles su nombre en la historia, como se os está brindando a vosotros en esta contienda de Patria y Razón contra traición y vilipendio. La Patria que os pide hoy este sacrificio es también Madre Generosa que no abandona a sus hijos: de nuestro ejército puede decirse, como de aquel del gran Bonaparte, que cada soldado lleva en su mochila el bastón de mariscal.

»Vamos a liberaros de los gamonales, esa aristomierda que os ha exprimido hasta los mismísimos Andes por más de trescientos años. Aquí el único Supremísimo es el Pueblo.

»¡A ellos, pues!, en la confianza de que junto a la gratitud inmortal de la Patria, tendréis la bendición eterna del Todopoderoso, cuyos mandamientos, hoy más que nunca, presiden la gestión de este Gobierno. ¡Progreso o Muerte!

Se oyen gritos de Venceremos.

Desde el balcón de Palacio, despidiendo las tropas, Edelmira semejaba una belleza de tragedia griega con acompañamiento de maracas.

La presencia de Su Ilustrísima, revestido de manto incrustado en oro, donativo del quinto virrey, mitra y báculo, impone silencio a tropas y público. Majestuoso, patriarcal, hierático, Su Ilustrísima da lentamente la bendición a los soldados, muchos de los cuales tienen los ojos brillantes de lágrimas. Momentos antes, había sugerido, en el palacio diocesano, el Cholo Quiñones:

—Su Ilustrísima, usted perdone, pero o bendice o lo trueno.

Era el Supremísimo creyente de fe alquilona y brujera. De los indios decía que eran ingobernables sin camisa de fuerza religiosa. Iba a misa todos los domingos y días feriados, marchando —con humildad nazarena— bajo palio. Y guardaba el ayuno en Cuaresma, a más de ser gran limosnero, dando frecuentemente al culto el diezmo de sus desfalcos.

En su intimidad solía llamar a Dios el Ser Vicesupremo.

19

Nubes color piel de ratón. Tierra color difunto, yerba rala como bigote de mujer, arbustos cansados. El viento ululante alterna con silencios de luna. Ni casas ni animales ni hombres. Algún ave extraviada huye, empavorecida, en el aire. Un lago charco de agua verde sucia. Rehúsan beber, lengua afuera, las caballerías. Seguir. Volver a pararse. Nariz y boca abierta mendigando aire. Asma de meseta andina. Silencio. Tíbet americano sin ascetas. Puna de los Difuntos. Así la mientan desde que, en la guerra de independencia, entró en ella un regimiento del Rey. Y no salió nadie. ¿Por qué? Quién sabe, patroncito. Los indios muleros, que la atraviesan lo menos posible, traen, si vuelven, monedas españolas con la nariz gastada del rey, morriones, guerreras, espadas enmohecidas, cartas de amor fechadas en la Península de la que se quedó esperando, hebillas de plata, espuelas, pequeñas cruces, una bota de vino con pasta negruzca que los indios llaman leche del diablo, mosquetes que no disparan, pero sirven para pegarle a la mula. Cuando las auras huelen una mula muerta, no bajan a comerla. Atravesando la Puna de los Difuntos se gana mucho tiempo.

—Si somos atacados, no hay quien pelee, Supremísimo.

—Tampoco hay quien ataque.

A vivir de nuevo, comienza la tierra, según se va bajando a la otra vertiente. Recobran las caballerías el paso digno que las hace acreedores al pienso militar. Los soldados dejan de rezar, hacen chistes obscenos. Al Supremísimo, le ha bajado la hinchazón de las sienes, el dolor de las venas que laten con cada paso. No dijo nada, pero al entrar en la altura, cinco mil cien metros, sintió que su corazón, ya no joven, no iba a salir de ella. Se acordó del Gran Corso y siguió adelante. Napoleón y Aníbal pasaron los Alpes. Quisiera verlos pasando la puna. Por mi madre. En la puna, no hay héroe. Únicamente hombre víctima.

—Soldados: Desde lo alto de esas montañas, ochenta siglos de historia os contemplan. También os contemplan ochenta mil zopilotes con garras y picos carniceros...

Son los volcanes de sueño hipócrita donde se alojan desde antes de que llegaran los primeros hombres al mundo, los espíritus del mal que van a regir nuestras vidas, exorcisados por la conquista más o menos cristiana; las cumbres donde vive Supai, que además de nombre de Satanás, se usa para decir blanco e hijo de puta en quechua.

Al pie de un volcán desempleado, un pueblo de nacimiento de cartón trepa por las arrugas de la tierra seca. Se trata de San Justo del Paso, cuartel general de los inmundos, que acaudilla Sangre de Toro.

Entronizado en el Libertador, mano derecha en el vientre medio, chaleco en dos botones desabrochado, el Supremísimo despierta el entusiasmo de las tropas, rodeado por los coraceros imperiales —... los zopilotes dispondrán de vosotros, mis queridos soldados, si dejáis que el frío de la puna se os aposente en las entrañas y arrugue los corajes. El triunfo siempre acompaña al valor. El zopilote acompaña dentro de su estómago el pellejo de los cobardes vencidos. El que sea macho ya sabe por dónde tirarse. ¡Progreso o Muerte!

Vivas a varias cosas. Comentarios del estado mayor central:

—Valor francés.
—Conciencia de la Historia.
—Zopilotes en Versailles.

El Supremísimo ha sacado la mano del chaleco y se rasca la entrepierna. Villa Vicencio ha terminado de recoger las notas de la arenga, que ofrece en gesto cucarachero, al Primer Magistrado.

—Confieso que estaba un poco preocupado por el resultado de la batalla, pero después de oír esta arenga ya no me preocupo.

—Me lo manda por chasqui a la capital, ahora mismito. Que lo publiquen en la página política de *El Eco,* con ilustraciones del campo de batalla, edición extraordinaria, Miguel de Cervantes está de vacaciones esta semana, que se ocupen de buscarle un temporero. Y que remitan el discurso a todas las embajadas y legaciones para su difusión en el mundo internacional.

—Y a usted, brigadier, ¿qué le pasa que se me ha extraviado un par de horitas?

—Estaba en el cuerpo de enfermeras, reponiéndome de la hinchazón de la altura.

—Es un gran cuerpo.
—Fantástico. Y sobre todo muy dedicado.
—Por fin, ¿qué se sabe del sur, brigadier Quiñones?, ¿sigue la confusión?

—Ya no. El general Romuáldez se ha pronunciado: Patria y Libertad.

—¡Miserable pendejo! Los primeros zapatos que se puso en la vida se los compré yo, ¡cholo artero!, cuando era recluta trituraba los piojos con la misma mano con la que comía, claro está que Napoleón también tuvo su Bernadotte.

—Ha salido para acá con seis mil hombres y artillería, bagajes, vituallas y doce diligencias atestadas de putas.

—Cañones nuevos que acababa de comprarle. Insistía, insistía y yo, espérese general a que modernicemos la división de la selva por el conflicto con los brasileños, y él, allá no quedan más que indios en cueros, en el sur es donde necesitamos la artillería, que la cuestión fronteriza, que los alemanes están entrenando al vecino, que las baterías de ciento cinco milímetros que tienen en la raya, que la dignidad de la artillería patria, que la que lo parió.

—No he informado al estado mayor de la infidencia del general Romuáldez, Supremísimo.

—Ni lo haga. Se venderían al mejor cañón.

—Desgraciadamente, el general Bango recibió por sus propios conductos la noticia, según tengo entendido.

—Ahora sí estamos fregados, Quiñones. Nos agarró el aura tiñosa.

—La oficialidad leal dice que hay que hacer algo...

—Jodido país en que todo el mundo dice que hay que hacer algo y nadie hace nada. Y después quieren que no sea Supremísimo.

—¿Qué va a hacer?

—Presentarle al general Bango, mi renuncia irrevocable.

—Pero imposible, Supremísimo, usted perdone, pero...

—Bango debe de estar ya conspirando a estas horas.

Nos dejarán solos. Antes que colgando en el farol frente a Palacio, héroe que se sacrifica en aras de la paz nacional.

—Supremísimo... usted me perdona... pero si me permite una pregunta... —tiene el brigadier la frente empapada en sudor de auto de fe en Cajamarca, la piel ceniza, los ojos de: cholo-el-blanco-que-no-te-la hace-a-la-entrada-te-la-hace-a-la-salida.

—Dime, Quiñones.

—¿Y qué va a hacer, ahora, el cuerpo de enfermeras?

—Tendrán que cambiar de paciente.

»No más preguntas, mi decisión es irrevocable, la primera virtud del estadista es saber cuándo tiene que retirarse, no terminaré como Napoleón en Santa Helena, llámame a Bango inmediatamente, antes de que converse con más nadie. Aunque ambicioso, es un poco lento de las neuronas. Tal vez podamos salvar el honor y la cuenta de Banco.

El general Bango, estratega y coqueto, entra en la tienda de campaña con su paso malojero de burro triste. Es grande, decorativo, enmedallado y, según su estado mayor, un tanto manumiso de ideas. Haría un excelente presidente provisional en cualquiera de las repúblicas latinoamericanas. Y en otros países.

—...Mi Supremísimo...

El tono de la voz, entre declaración amorosa y muy sentido pésame.

—¿Conoce las noticias, general?

—¿La incalificable traición del general Romuáldez réprobo de la Patria?

—El mismo, y algunos otros hijos de puta que estarán pensando, en este mismo momento, en secundarlo.

—El ejército del centro sigue dispuesto a luchar hasta la victoria o hasta la muerte. Venceremos.

—Es lo que quiero evitar, general Bango: el sacrificio, ya hoy inútil, de lo mejor de la Patria. La pérdida para el futuro de la nación de los que como usted, nos han acompañado día y noche en la tarea ingrata de gobernar a este pueblo ingobernable. He decidido renunciar a todos mis cargos y dignidades.

—Eso no lo permitirá nunca el ejército, Supremísimo, su presencia ha sido el faro que ha iluminado nuestras vidas en la espinosa senda del deber. No es...

—Perdone, general Bango, pero mi decisión es tan irrevocable como la del gran Napoleón Bonaparte cuando marchó a la isla de Elba, Santa Helena quiero decir.

—En ese caso, si usted insiste...

—En ese caso, sólo hay un hombre que pueda ejercer la Primera Magistratura de la nación, y ese hombre es usted, general Bango.

—No creo que tenga la...

—Sí la tiene, general, sí la tiene, ponga usted a un lado, cuando de la Patria se trata, esa modestia suya, que en ello —clara conciencia del propio valor— reside la primera virtud del héroe y del político. Pero además, hablemos, general, a calzón quitado, ¿quién otro puede ofrecer garantías a los dos bandos que se desangran en guerra fratricida, salvo usted? ¿Cree, general, que yo puedo renunciar en favor de Sangre de Toro? Y con lo vengativa que es su mujer, menos. Es usted demasiado modesto, general, pero el supremo liderazgo de un pueblo no es honor que se busca ni tampoco se rechaza, es obligación que la caprichosa rueda de la fortuna, si no la divina providencia, impone sobre nuestros hombros.

—En ese caso, mi Supremísimo...

—En ese caso, seré yo el primero en felicitarlo y en imponerle con estas manos —que, pese a lo que digan mis enemigos, sólo se emplearon en la defensa de la Patria— la banda presidencial que, desde los gloriosos tiempos de El Libertador, han venido ostentando nuestros próceres. Quiero yo mismo, presentarlo a la tropa como nuestro presidente y nuestra garantía, único hombre capaz de paralizar, en estos momentos, una carnicería inútil.

Lenta, parsimoniosamente, el Supremísimo se desprende de la insignia patria. Se enjuga, presuroso, algo avergonzado, una lágrima con el revés de la mano izquierda. Da tres pasos hacia adelante. Al general Bango, a su pesar, se le aguan los ojos.

Inclinado sobre el corpachón de Bango, el Supremísimo coloca, ritual, solemnemente, la banda, con su sol de oro, su luna de plata, colores y lazos. Un momentico, general, que le tengo que poner el alfiler en la espalda. Me ca..., sólo tuvo tiempo de decir, pulmón partido de borgiano estilete.

Se limpió el chorro de sangre con fino pañuelo de lino irlandés, bordado por Edelmira para la campaña con la reproducción de cierta forma femenina. Llamó a Quiñones, que al entrar contempló, horrorizado, el cadáver del presidente provisional de la República. Luego comprendió y rió: «¡Ah!, las cosas que usted tiene, Supremísimo. Se le escapó al Supai».

—Usted sabe, como fiel ministro del Interior, cuál ha sido mi programa de Gobierno —hace un gesto, índice y pulgar remedan el disparo de un gatillo—: Con este signo vencerás.

»Y que me necrocomien con carácter confidencial a

este infeliz sinvergüenza. Infórmele a la oficialidad que el general Bango se halla ligeramente indispuesto. Que en su temporal ausencia, mandaré yo el asalto. Y que el Supremísimo espera que cada hombre cumpla con su deber o se joda.

—Ja, ja. Si tú eres Napoleón, yo soy Napojaguar. El Tigre del Amazonas.

—Tu error fue pelear con los anglos, Napoleón, en vez de contratarles empréstitos. Pagándoles interés, mantenías su interés en tu gobierno. En esto los anglos de este o aquel lado del charco están en el gran desarrollo, pero tú no eras más que un corsito subdesarrollado del Tercer Mundo. No, deja el rapé quieto, que es una costumbre muy cochina. Aunque sea francesa. Estornudas y lo empuercas todo. ...En eso tienes razón, Napoleón, yo también prefiero no pagar, pero el poder no se puede pelear con el dinero. Tú mismo dijiste que las guerras se ganaban con dinero. Y eso que eran otros tiempos. Pues te diré que, en justicia, yo soy mejor general que tú. Yo las gano con indios. Dinero puede faltar, indios siempre sobran.

Si la aristomierda juega a derrocarme, que recuerden el presagio de Luis XV: «Después de mí, al carajo».

Carga militar en forma de abanico. En distintos grados de pavor y piernas, los inmundos abandonan la trinchera que circunda la ciudad. Confortado con una copa de aguardiente, limón y pisco —coctel de Homero andino— el Supremísimo se adentra en los intestinos de San Justo en persecución de las fuerzas corrilucionarias. Lo precede, lanzas en alto, una compañía de Cóndores Imperiales.

—Soldados: si por un momento la victoria gloriosa, que ya está en vuestras manos, tornárase incierta, veríais a Vuestro Supremísimo exponerse, en primera fila, a los golpes mortales del enemigo.

—Eso es ser un hombre macho.

—Fíjate que me erizo —comentó el capitán responsable de la compañía de minorías sexuales disidentes.

—Que vivan el Supremísimo, Napoleón y Bonaparte.

—El Supremísimo: ¡El más grande de los tres!

Emboscada callejera. Gritos aymimadre. El valor se viste de prudencia. Los Cóndores Imperiales reculan a paso de gallero perdedor sorprendido cortando la pata a gallo de vecino. En barahúnda de no perdáis la calma, y lanzas caídas, se inicia el correcorre estratégico. Cautivo de la lectura de arengas, volumen cuarto, obras completas, el jinete del Libertador no sabe dónde ponerse, seis pasos heroicos adelante, veloz carrera en dirección traste-sureste.

Una vieja antipatriótica —rechazada del cuerpo de enfermeras, más que por el escaso fervor, por la sobra de años— desde enrejado balcón de madera labrada, ventila su despecho, lanzando cáscaras de banano al pavimento, mientras deposita el desnudo cucurbitáceo, en una fuente con azúcar prieta, para hacer plátanos dulces. Resbala el primer bruto de la República y cae, arreos marciales, sobre la pierna siniestra del Primer Mandatario.

Acongojante y perplejo dilema. A partir del accidente del Primer Caballo, dos versiones, radicalmente opuestas, de estos importantes hechos se ofrecen al investigador histórico.

«El Supremísimo se yergue, incorpora al noble bruto y, tizona en mano, aquietando el intenso dolor de la destrozada pierna, irrumpe, todo macho, hacia las filas enemigas. Como la selvática danta americana, al ver en peligro a sus hijos, arremete furiosa, pisando campos de yuca, contra el despavorido cazador, así *el Supremísimo, el que en buena hora chingó,* cargó contra los encaguetados rebeldes.

»Allá en la distancia, un solo hombre, sin más aguijón que su deber, militando por mil pares. Luego del primer instante de vacilación, los Cóndores Imperiales, enamorados por el ejemplo, vuelven grupas, y se lanzan por la brecha abierta por el Comandante en Jefe. Cuestión de minutos de heroísmo fue mudar la rota en fazaña, exterminando el peligro de la anarquía en nuestra patria. Semanas más tarde, el Congreso de la República, en sesión solemne, hizo suya la petición de ochocientas mil firmas populares, acordándose denominar a San Justo del Paso, San Justo de la Victoria, y disponiendo que así se le nombre en todos los documentos públicos y privados que hayan de expedirse con arreglo a derecho.»

Hasta aquí, una síntesis de la versión contenida en *Historia de la Patria Nueva,* del doctor José Jacinto de los Remedios, decano de la facultad de Ciencias y Letras, tomo III, págs. 482-794, obra en siete volúmenes, encuadernada en piel de becerro, con ciento sesenta y tres litografías y grabados, que obtuviera el Premio Nacional en el concurso organizado por el Instituto de Investigaciones Históricas de la Academia Nacional de Ciencias, en jurado que presidiera el conocido intelectual y hombre público, mariscal Rodomiro Quiñones.

Versión de los enemigos del orden, que, según se dice, no pasó la censura:

Un edecán recoge del suelo al Supremísimo que aún tiene tiempo de clavar su espada en el Libertador.

—Tú también me traicionaste, innoble bruto, como si Sangre de Toro te fuera a dar mejor pienso.

—A la estampida, Supremísimo —aconseja el edecán, inclinación de cabeza, saludo marcial— que nos atizan el traste.

Minutos más tarde en el campamento: —Perder no hemos perdido nada. Ya señaló Napoleón que en la guerra el primer arte es el arte de la retirada —confió el Supremísimo a Quiñones.

—Pero retirada, ¿hasta dónde?

Antes que el exilio en Santa Helena, la cuenta bancaria en New York.

—Dígale usted a la tropa que se prepare a vencer o a morir.

Ha pasado media hora de arengas más o menos épicas y flojera más o menos orgánica. Detonaciones de fusiles Enfield, cañonazos, humo de pólvora en San Justo.

—Los inmundos están celebrando la victoria.

—Mejor para nosotros, no nos pisan las nalgas.

—Es que tenemos suerte, Supremísimo, todo aquello que dijo usted en la arenga de la diosa Fortuna me parece ahora que es verdad.

—Más suerte de lo que te imaginas, Quiñones, y pasaré por alto tus comentarios un tanto pendejos. A mí esto no me parece celebración.

—¿Entonces qué?

—Esperemos a ver qué pasa. Pero estrategia, mucha estrategia. Sin duda aquí hay puma suelto. En jaula de pavos.
—Supremísimo ¿y le duele mucho la pierna?
—Sí, pero no quiero tomar morfina.
—Es un disparate.
—Es que no me gusta más que una sola droga en la vida. Por eso fui, soy y seré El Supremísimo. Sólo el Poder nos pondrá la toga viril.

San Justo ha estado quieto por varias horas, silencio de puna.

Dos indios del servicio especial «hijos de la patria», que dirige el brigadier Quiñones, se destacan al pueblo —burro, botijas de leche, ponchos y sandalias— para obtener información.

Reportan a la vuelta: Las guerrillas de Huanca, ex alcalde fugitivo de Huallantay, que se dice emperador de los incas, habían sorprendido a los inmundos de Sangre de Toro, penetrando hasta el mercado, disfrazados de indios vendedores de maíz, leche de burra fresca y hojas de coca. Se aniquilaron unos a otros. Plaza y mercado eran matadero de sangre que chorreaba las cunetas. Sangre de Toro había quedado en la arena. El marqués de San Sebastián, único superviviente de los cabecillas, había escapado en dirección a la frontera. Huanca y su segundo, un tal Fernández Quispe, eran prisioneros de un millar escaso de inmundos, al mando de un coronel aterrorizado y gemebundo, con ansias de entregarse marcialmente a cambio de un cojín bordado en la rabadilla. Jura el coronel que sólo lo mueve el deseo de evitar a la Patria un derramamiento de sangre inútil y devolver la tranquilidad perdida a nuestras mujeres.

—Mándele un parlamentario oficial, bandera, trompeta y tambor, como es sabido. Que rinda la plaza y se le asciende a general por méritos de guerra. Y que el tiempo de servicios con Sangre de Toro, se lo vamos a contar como tiempo doble para la pensión.

—Mariscal Quiñones: ocúpese de que la prensa nacional y extranjera no recoja otra cosa que la verdad verdadera. Epopeya de nuestra época.

Hasta aquí la versión que rechazara la censura, decretando multa, suspensión, y destrucción de originales. Al autor todavía lo busca la policía secreta.

Esa tarde se exhibieron en el Salón Mayor del Muy Honorable Ayuntamiento de San Justo de la Victoria, los trofeos conquistados al enemigo, los que circundaban a un mechón de pelo entrecano, que se asegura vendido por el barbero de Napoleón. Se destacaban:

El chacó con penacho de plumas de zopilote, propiedad del Káiser cautivo en el Paso de Tucumito.

Las espuelas de oro del Tirano Caído, rescatadas para la historia por nuestro cónsul en Nueva Orleans que las recuperara del ajuar de bodas del criado maricón de reputada casa.

El tibor de plata del Potosí del marqués de Sangre de Toro, reliquia de familia, fundido a mediados del siglo XVI, donde se atestigua por la Academia de la Historia que orinó Bolívar en la entrevista de Guayaquil.

El sombrero de tres cuernos del marqués de San Sebastián.

—Napoleón, si vieras cómo impresionó mi arenga de la victoria... Hablé a caballo con la pierna tinta en sangre. Lloraban de los sus ojos los soldados de buena fe. De los criticones se encargó, discretamente, el compañero Quiñones que ha hecho un trabajo no por silencioso menos brillante. Sangre de Toro y el marqués de San Sebastián estaban fatalmente condenados desde el principio. Y es que, hermano, dice el credo del Poder que Perdura:

«El pequeño político gobierna con la espada. El mediano, con la bolsa. El grande, con la palabra. El Supremísimo, con la palabra y la policía política. Los demás no gobiernan.»

—Llegó un mensaje del general Romuáldez, Supremísimo.

—¿Qué dice el traidor?

«Celebro victoria ejércitos de la Patria. Lamento no hubiéramos llegado a tiempo para cubrirnos honor contribuyendo exterminio traidores en la jornada gloriosa de San Justo del Paso que este Ejército del Sur propone se llame en adelante San Justo de la Victoria. Progreso o Muerte.

        General José Asunción Romuáldez
        Cte. en Campaña, Ejército del Sur.»

—Hijo de la tiznadísima. Agradézcale, brigadier, de todo corazón la felicitación de Navidades y dígale que se reintegre a sus cuarteles. Que se le confirma en el mando de sus tropas y se le propone para la condecoración de H.P., Hijo de la Patria. Oportunidad habrá de tronarlo cuando se crea más seguro. Y que se dispongan tres días de duelo por el general Bango, malogrado en campaña.

21

A Huanca y a Quispe, el Supremísimo resolvió fusilarlos por aquello de que no se podía acostumbrar mal a los indios.

—Me los fusilan prontito y sin velorio que no quiero mártires.

Antes de morir pintó Quispe un cuadro que nadie entendía. El Supremísimo, que era mecenas de las Artes, hizo que el doctor Villa Vicencio lo estudiara al frente de un gabinete de expertos. Emitió el secretario de la presidencia la opinión de todos: —No sé, parece que tiene algo de los *Caprichos* de Goya, pero también en distinto. Una indiada legítima, me parece.

Esa noche, le preguntó a Villa Vicencio su esposa, que era pintora aficionada, especialista en naturaleza muerta: ¿Qué tal el cuadro del cholito? —Es malo, pero, sin embargo, al Supremísimo no le gusta.

El Mayúsculo Líder, luego de leer el dictamen oficial, mandó quemar la pintura, quejándose amargamente:

—Y si se pone a imitar a Goya ¿por qué en vez de este espantajo no pintó, siquiera, *La chola desnuda*?

La noche del fusilamiento, meditaba Quispe las últimas horas. Daba vueltas en el petate de algodón con manchas de sangre. Miró para el viejo Huanca que soñaba plácidamente. Él puede dormir porque está seguro de que algún día el Sol quemará a todos los Supremísimos. En cambio yo soy hombre de fe desconfiada.

El Supremísimo es un engreído que juega a los soldados de plomo con carne humana. Cuando me pidió lo retratara con las Pirámides de fondo, se me reveló su manía íntima, pero si loco es loco vivo, que disimula su locura. En el teatro, el Supremísimo sería hasta simpático. En la vida real es tan simpático como el terremoto que sepulta bajo un huayco de fango un pueblo andino lleno de niños.

Lo malo es morir sin haber entendido nada. No sé lo que es la vida, aunque ya he aprendido aquello que la vida no es. Como quemar la hierba mala de la puna, pero morir antes de sembrar.

De la patria han hecho corral, donde cada res lleva marcada la S en los cuartos traseros. Claro que todo esto que pienso debe de ser porque soy mestizo, y los mestizos —nos lo han dicho los sabios en comandita— no saben pensar en forma positiva, son unos resentidos sociales. Los talentos sí piensan bien y hasta huelen la S.

Si el Dios de los blancos existe, y yo creo que sí, lo que no estoy seguro, le preguntaré de aquí a noventa minutos por qué dejó que lo clavara en la cruz aquel Supremísimo que se creía divino y era marica no más. Claro que para Él era más fácil, porque siendo Dios sabía que todo iba a terminar bien. Y si no lo era, era uno de nosotros: clavado al nacer en la trampa.

—También tú servirás de abono al maíz —contestó Huanca, imperturbable, al Jefe de Estado Mayúsculo Líder Supremísimo de la Patria.

—A mí nunca me enterrarán. Soy el pulso vivo de la Patria Grande. He venido a verte, Huanca, porque siempre he querido ofrecer una oportunidad de contrición de corazón y propósito de enmienda a los enemigos del Pueblo. Pero está visto que la última voluntad de un indio encocado disfrazado de profeta bíblico es hablar deyecciones de llama.

Huanca no lo escuchó. Su mente parecía haberse escapado de la celda. Hablaba con Dios o con la locura.

El Supremísimo pronunció por hora y tres cuartos, una arenga justificante cargada de referencias a la Patria, gesticulaciones circenses, la Cosa Pública y el Dios del Sinaí. No había manera de rehabilitar moralmente a este indio de mierda.

Los que no saben cómo se gobierna un pueblo, me llaman cruel. Pero el Supremísimo no es cruel. Nunca he fusilado a nadie que me obedeciera. Y si exijo obediencia no es por ambición personal, algo que, sinceramente, nunca he tenido, sino por la Patria.

Si dejara de fusilar, habría más muertos. Gracias a los fusilamientos, los antipatrióticos lo piensan dos veces y hasta tres. Después de pensarlo tres veces, la mayoría se vuelve dócil, voluntaria, defensiva. Sólo los fanáticos hacen oposiciones al fusilamiento. Y eso ya no es culpa mía. El indio Huanca es un profeta loco que se cree, por lo menos, hijo de Dios. El Quispe es un artista frustrado que le hubiera hecho favor, muriendo hace tiempo, a la Patria y a la pintura. Es fácil llamarme cruel y disfrutar de la estabilidad que he traído a la Patria: más de veinte años de progreso. Esperan todos que me muera para hacer todo lo contrario de lo que han hecho hasta ahora. Éste es el ingrato destino de los forjadores de la

Historia, pero Yo continuaré en la dura trinchera del deber: El Supremísimo duerme con los ojos abiertos, sin duda que el pueblo pueda dormir con los suyos cerrados.

Miró Quispe para el viejo Huanca que soñaba con los ojos abiertos. Feliz él, que cree no morirá nunca. La muerte es el burócrata perfecto que, después de hacernos llenar, con mil preguntas estúpidas, el formulario de la vida, nos archiva a todos en la Sección de Cadáveres Varios.

Soñaba el viejo Huanca. Su Padre, el Sol, saldría a medianoche a quemar la piel de los opresores. Huanca los perdonaría para que fueran testigos del poder del Bien. Había oído las campanadas de la medianoche en la iglesia de San Justo. Era posible que el Sol se retrasara unos minutos. Después de todo, su tiempo no era el de los hombres. Rechazó la duda. Dos horas más tarde la duda lo rechazaba a él. No había justicia bajo el Sol. Si había Dios sería el de los cristianos: Ese Incomprensible que se hacía torturar. Aquel cuyos seguidores vivirían locos de dolor o serían hipócritas. Lástima que no lo fusilaran a uno antes de nacer.

Los vinieron a buscar, un sargento y cuatro soldados serranos. En el fondo tan infelices como nosotros, pensó Quispe. Huanca hizo un esfuerzo para llamar a la fe. No la encontró.

Dijo Quispe en voz alta: —Siembre uno para los

hijos de la patria en Nuestra América, que siempre cosecharán los hijos de puta.

—Eso lo dijo Bolívar, ¿no?
—No, pero estoy seguro de que lo pensó.

El capitán León Vivas, Mérito Militar, cura castrense, ofreció el crucifijo de plomo legítimo, al anciano indio. Y lo exhortó a arrepentirse del pecado de rebelión contra la autoridad legítima. Huanca rechazó al capitán con leve sonrisa y besó al Cristo con lástima. Descubrió que amaba al Dios de los blancos.

Quispe besó los cabellos blancos del profeta indio; escupió en la venda. Y eso fue todo.

Murió Huanca con una sonrisa misteriosa: —Viviré en cada rayo de Sol—. El sargento que lo enterró cortó una guedeja de sus cabellos. Soldados cortaron uñas y trozos de harapos. A la semana siguiente, en los pueblos de la Sierra, se habló de ciegos que recobraron la vista, paralíticos que andaban, tristes que descubrían la alegría. El Supremísimo dio orden de que se fusilara, previo consejo de guerra, a cualquier paralítico que echara a caminar.

22

Pocos días después de la Victoria, mientras se limpiaban —quemando la última brizna de hierba— las provincias de rebeldes, tibios y fanáticos del demente Huanca, el mariscal Quiñones, el ánimo caído, había ofrecido los últimos informes de Seguridad del Estado:

—Según confirman mis agentes, corren aviesos rumores entre los sicofantes del extinto general Bango, que en gloria esté.

—Se ahoga usted en poco muerto, Quiñones. El general Bango, como héroe difunto, pertenece a la Inmortalidad. Al Panteón de la Patria. Remítame (urgente) el siguiente decreto a la Gaceta Oficial: «El año entrante será conocido en todos los documentos públicos y privados, con arreglo a derecho, como *Año del Heroico Bango*».

Adoptó la mirada soñadora y heroica de discurso en la Plaza de los Virreyes. Quiñones, a su pesar, lo observaba con admiración, el ánimo repuesto. —Y, pierna mediante, no olvide informar a la prensa nacional y extranjera, mariscal Quiñones, que Yo —al frente del Consejo de Ministros— presidiré el entierro de ese puñetero. Honrar, honra.

Las cancillerías, en gesto sin precedentes, habían reconocido su victoria sobre los prusianos. Escena histórica en la catedral de *Notre Dame*: Napoleón, Josefina, el Papa Pío VII. Napoleón toma, prepotente, la corona imperial de las manos de su Santidad y, tras breve instante de vacilación, la coloca sobre las sienes del Supremísimo. Pío VII se adelanta y le besa la mano.

Montado en el elefante oriental que soñara, el emperador de los franceses, para su invasión del Nilo, ataviado con el turbante verde que la costumbre islámica reserva para los descendientes del Mensajero de Alá, conducido por Aníbal de Cartago, que sirve de cornac y lustra las orejeras de terciopelo rojo, penetra triunfal en Alejandría, las calles pétalos de rosas, donde el Gran Macedonio, tímido y genuflexo, lo instala en el Templo de Zeus.

Napoleón Primero, pantalones cortos de lino irlandés, casco blanco, visera verde, cámara al pecho, espejuelos oscuros, quemado por el sol, toma fotografías de la ceremonia. Ahora se acerca y le pide, ansioso, el autógrafo. El Gran Corso ha aceptado la representación de la Coca-Cola en Santa Helena.

Lo aclaman las turbas: Supremísimo el Africano.

El cardenal Richelieu, asistido por la Eminencia Gris y capuchina del Padre José —que lleva a la cintura como cilicio el tratado con el Gran Turco—, oficia en sus bodas con Edelmira, misa de velaciones, coro de monjas, y palio. En nombre de la Francia Inmortal, el Gran Cardenal, regala a la Edelmira el collar de perlas de la reina.

En el instante de la consumación bendita, la ceremonia coital decae. Ha aparecido la Esperanza, en epifanía de masas. Alega impedimento grave. El piache es testigo de Estado.

Para consolar a Edelmira la lleva a comer fuera. En el restaurant chino, Gengis Jan le toma la orden.

Entrevista de Guayaquil: Bolívar, San Martín. Y el Supremísimo disfrazado de Convidado de Piedra.
El Santo de la Espada ha declinado la suya en favor de Bolívar.
El Libertador le ruega al Supremísimo acepte la dictadura de la Confederación de Estados de la América (CEA) y, de tapa, la mano, y todo lo demás, de Manuelita Sáenz. Lo pensaré, Simón, pero ya estoy comprometido con Iván el Terrible.

Era el emperador Tiberio. Adorado de corazón por las masas en el circo sin pan. En todas las iglesias —envueltas en llamas— el mariscal Quiñones leía desde el púlpito, el evangelio del día según Poncio Pilatos.

Mañana, misa cantada de tres obispos por el alma del general Bango y las intenciones del Supremísimo.
Esa noche se le apareció Huanca el fusilado; ente-

rrado hace dos semanas en el estómago de los buitres. Y le dijo, en paz, el pecho rojo de siete balas:

—Amo a Dios aunque no exista.

El indio estaba loco, razonó.

Se despertó. La luna llena, fría, monótona, alumbraba el paisaje difunto de la tierra sin hierba. De los Andes bajaba un viento helado que hacía aullar a los perros, el viento de Supai que anuncia terremotos, golpeaba con odio en los cristales. En el aire sobrevivían, pico de ganchos carniceros, zopilotes hambrientos en espera de la generosidad humana: otra batalla que les diera de comer. Gritó.

—Ordene —le contestaron.

Gritó.

—Ordene.

Del Testamento Ológrafo de Fernández Quispe (Documento encontrado bajo una roca de obsidiana junto a la cruz de piedra, en la cueva de Santo Domingo de Huallantay por una expedición arqueológica de la Universidad de Yale. Es justo señalar que la investigación reciente sospecha que es de origen apócrifo):

El dictador es el eslabón perdido entre el delincuente y el Jefe de Estado.

La práctica de confiar la dirección de un país a criminales no comunes es muy tradicional. El pobre Rousseau metió —con razón— mucho ruido, pero también —algo— la pata.

Cuando el dictador invoca «el honor de la nación», es, casi siempre, con el propósito de deshonrar a sus miembros compatriotas.

El dictador no solamente es responsable de su dictadura, sino de la que va a establecer el libertador que lo derroque.

El común denominador de todos los dictadores conservadores o liberales, diestros o zurdos, es la megalomanía. Cada dictador se cree Miss Universo.

El fusilamiento es un sistema político-pedagógico condenado a desaparecer. Es preferible lograr la conversión del rebelde en sumiso.

La parábola del hijo pródigo aplicada a la cosa pública, demanda la conversión —más o menos voluntaria o voluntareada— de los disidentes. Es función última, principio y fundamento, de todo Departamento de Seguridad en el Estado moderno, convertir al hijo pródigo en hijo de puta.

Para brindar una mínima seguridad psicológica a los conversos es necesario que el Supremísimo sufra o finja sufrir alucinaciones providenciales. La providencia en política no debe ser Dios —personaje de conducta imprevisible— cualquiera doctrina que explique la sociedad, el presente y el porvenir, con juicios absolutos y militantes, es mucho más manejable. Para el que no crea en la providencia, siempre existe la policía.

El súbdito perfecto, antes de pensar, lee el último discurso.

El dictador perfecto no tiene amigos seguros salvo en dos provincias: la cárcel y el panteón.

Cuando la biología haya adelantado, los dictadores

prolongarán sus vidas trasplantándose indefinidamente los corazones de los fusilados jóvenes.

Toda dictadura moderna está pavimentada de buenas intenciones.

El infierno es la dictadura del diablo, que, antes de serlo, fue ángel.

Si el dictador está tan interesado en la felicidad de sus compatriotas, ¿por qué no vive en el extranjero?

Todos los regímenes han tolerado el silencio pacífico. En la dictadura moderna, los inconformes aplauden.

Carne de cañón es el producto final de creer que, después de todo, tal vez nuestro dictador sea algo menos malo que los otros.

El dictador de bolsillo se puede contentar con robitos, prostitutas surtidas y modestas bribonerías. En cambio, el apetito del Supremísimo es cerebral, no puede satisfacerlo nunca. El poder se convierte en mito de Sísifo. Pero la roca la cargan los súbditos. Voluntariamente: bajo pena de cárcel, desgracia cívica o simplemente joderse.

Los burócratas del hombre nuevo son los que para alejar de sí la denuncia secreta, fundamento de toda dictadura decente, denuncian al vecino de buró. Si no por lo que ha hecho, por lo que pueda hacer en un futuro. En el peor de los casos, el chivato —hoy ciudadano cívico— ha ganado un ascenso y la confianza. Mal de muchos, consuelo del régimen. Que no es tonto.

Mientras trabajaba en Palacio, descubrí que el Supremísimo Leonardo da Vinci estaba pintando un cuadro, componiendo una ópera más o menos épica, un libro técnico sobre la agricultura en nuestro país y un manual para adelgazar. También escribía una novela. Ésta se llama *Milenio de Gloria*. La modestia del autor le hace preferir el anónimo. Será un *best seller*. La Biblioteca Nacional ha encargado millón y medio de copias, con lo que podrán leer hasta los analfabetos. Hay que traducirla a varios idiomas. En primer término, al español.

Ante la potencia del Supremísimo, aquel intelectual con alma de mariposa sodomítica sufre un escalofrío de éxtasis. Es *grande*. Surge otro mito: el conductor de pueblos. Aunque sea al matadero. Así se explica tanto genio que, antes de perder el sentido crítico, extravió los pantalones. Por otra parte, innecesarios.

La tragedia de los países hispanos no presenta muchos dictadores que hayan sido ejecutados. La mayoría, bien en el poder o ya fuera de él, murieron en sus camas; y hasta con bendición. En cambio, basta hojear el santoral para ver que es considerable el número de mártires de habla española. Lo que quiere decir que en este mundo es mucho más peligroso ser santo que tirano.

Particular que anticipó un filósofo. Después de todo, los evangelios no relatan la crucifixión de Poncio Pilatos. San Juan no exigió en bandeja de plata la hermosa cabeza de Salomé, de labios estupendos. No importa lo que afirmen la propaganda y el código penal: Quien cumple condena aquí es la virtud. Señora que no puede salir a la calle sin que la violen.

Por muchos años, en nuestro teatro, la regla ha sido demostrar el triunfo de la virtud en el último acto. Literatura optimista y constructiva. Literatura mentirosa. El drama nuevo es: «El Castigo sin razón o La verdad de todos». Tragedia en tres actos: Nacimiento, Desilusión, Muerte Punto

Dios no está más lejos que el corazón humano. Por eso cuando fusilan, ahí mandan tirar.

Mañana fusilan a Tomás Huanca.

. . . .

El periodista que expresa con más sinceridad sus opiniones, en las dictaduras, es el censor.

La dictadura, si es progresista se interesa en que el pueblo aprenda a leer, y luego, en que no lea.

De todas las tendencias y escuelas literarias, la que más ha persistido en el mundo es la de los adulones. (Desde la escritura cuneiforme.)

De todas las mentiras oficiales, la más sutil es la que se dice para no ser creída. Distrae la crítica de la mentira mayor.

En el infierno los diablos se leen, unos a otros, artículos constructivos.

En el sistema democrático, el periodista que pasa hambre termina —con heroicas excepciones— comiéndose las críticas.

La única palabra bella pertenece a Dios: el hombre la roba y la emputece todos los días. Después se queja de que lo han engañado.

Los literatos de más porvenir son los redactores de consignas y los jefes de policía.

. . . .

La dictadura crea, al menos, un sentimiento nacional, una experiencia igualitaria. Casi todo el mundo vive con temor a ser arrestado.

La dictadura es la resurrección de la monarquía absoluta con taparrabos republicano y desfiles de masa.

El dictador que no termina creyéndose Napoleón y algo más que Napoleón termina en el poste del alumbrado.

El dictador de mano suave, la emplea de telaraña.

El burócrata de tintero irreprochable debe darle la razón al dictador aunque esté equivocado. Sobre todo cuando esté equivocado.

El dictador sobrio suele tener un pariente que no lo es.

Cuando la megalomanía del dictador provoca una guerra, es deber del ministro recordarle que sólo se trata de un medio necesario para garantizar el bienestar del pueblo. De aquí a cien años los tataranietos de las bajas vivirán en un edén.

La fama del dictador es como la de la agencia de pompas fúnebres. Descansa en el número de tendidos.

Los pueblos que se alucinan con sus salvadores terminan iluminados por el látigo.

El dictador de porvenir debe tener la austeridad de san Francisco, la determinación de san Ignacio, y el amor al prójimo de Iván el Terrible.

El pueblo que se desayuna con la catástrofe se acuesta con la dictadura.

Después que el gobernante prueba el poder absoluto, le pasa lo que a los tigres cuando saborean, por primera vez, carne humana. Es irrelevante el discutir si los tigres están o no justificados en sus apetitos.

El intelectual perfecto es el que, luego de analizar exhaustivamente el pro y el contra, se deja comer por el tigre.

Y si es bien educado, hasta le da las gracias. Que le aproveche, compañero tigre.

. . . .

«Dejad que los niños vengan a mí» (Cristo). «Los niños pertenecen al Estado» (El primer escritor moderno que lo dijo fue el marqués de Sade). (Y todo el mundo sabe que el principal interés del marqués en los niños era —literalmente— joderlos.)

Por tres siglos, con breves períodos de tranquilidad, saquearon América piratas de las más diversas banderas. El pirata se eleva sobre los cadáveres de los enemigos. El dictador, si libertador jubilado, se eleva sobre los cadáveres de los compañeros caídos. Rey Midas de la tribuna, cada gota de sangre la convierte en gota de saliva.

Para derrocar una tiranía tradicional bastaba un golpe de suerte, un ataque cardíaco, una sífilis mal curada en el Jefe de Estado. Para derrocar una tiranía moderna hace falta el valor cotidiano, sostenido, humilde, con apariencias de inútil. Y el valor es lo que más se erosiona en la rebeldía a largo plazo. Somos pueblos de valor instantáneo y algo teatral. Valientes siempre que tengamos el aplauso del paraíso.

El tirano inteligente justifica sus crímenes por amor a la patria. Lo más justo es creerle. No hay tirano que no ame a su patria. Tanto, que la quiere únicamente para sí. Es su pelota.

Cuando Prometeo se atrevió a libertar la conciencia, el dictador hispanoamericano —para sobrevivir— se dedicó a comerle los hígados. Imparcialmente, masticando con el carrillo derecho o con el izquierdo.

La dialéctica final es la del espíritu creativo: El secreto de Prometeo es que los hijos de los jenízaros derrocarán la dictadura. Porque es condición humana, recrearán el fuego siempre.

. . . .

Entre las razones de la decadencia del cristianismo está la de que entre nosotros nunca se ha practicado en gran escala más allá de los piropos en el atrio de la iglesia y la medallita al pecho.

A excepción de algunos santos auténticos, los hombres más honrados parecen ser los salteadores de caminos, porque al gritar ¡manos arriba!, confiesan lo que otros ocultan: Que sólo están interesados en nuestro dinero. (O en nuestra sumisión.)

Los cristianos de medallita y cepillo sirven principalmente para llenar estadísticas y comprar papeletas de rifa.

Hoy en día (y tal vez casi siempre) el ser cristiano requiere ser perseguido por los otros y por los cristianos.

La versión hispana del mito de Sísifo es combatir una dictadura tras otra.

Cada una o dos generaciones, Cristo se levanta y arroja a los mercaderes del templo. Siempre vuelven. Y ahora, hasta se anuncian.

El Supremísimo es el mercader de la bandera. Su moneda —siempre falsa— es el lenguaje.

Los dictadores y las putas siempre disparan el mismo discurso. Se tiraron a la vida por el bien de los demás.

. . . .

Cuando la iglesia hace entrar al dictador bajo palio, Cristo sale para el huerto de los olivos.

Cuando el dictador ofrece libertades públicas es porque cree haber encontrado el modo de corromperlas. Ocasionalmente se equivoca y tiene que tomar vacaciones. Es el momento de vender sus *Memorias* a una cadena americana de publicaciones internacionales.

Si hubiera habido un hombre de negocios norteamericano en el Camino del Calvario, hubiera tratado de venderle a Cristo una cruz eléctrica.

Otrosí: El pueblo que no utiliza sus libertades con amor, está preparando —con su cinismo miserable o su egoísmo cómodo— el camino a la dictadura.
Otrosí segundo: Al Supremísimo sólo hay una manera de derrocarlo: tener el valor de jugarse la respiración, y la decencia, a una sola carta.
Otrosí tercero: Más que países cultos somos países tragaculturas, desesperados por tragar lo que producen otros. Y ni siquiera sabemos digerirlo. Por eso hay tanto autor defecante. Y tanto dictador vociferante que descubre verdades que en otro país hace ya tiempo que son mentiras.
Otrosí cuarto: No se puede pretender que la pintura de la pachanga dictatorial hispanoamericana (artísticamente hablando: la estética de lo real-jediondo) sea entendida, más allá de lo obvio, por aquellos que no padecen esta patología endémica. Del mismo modo que los que nunca han visto el caimán americano, no pueden imaginarse el olor que despide de cerca cuando no se ha bañado. Por ello mi penúltima voluntad es que mis cuadros sean sepultados bajo nuestra tierra triste, excepto el de «El Supremísimo en la Pirámide», que dono —si no me lo confisca generosamente la policía política— a los nietos de Tomás Huanca, el último de los rebeldes. Muerto con fe en el Sol y una sonrisa. Aunque la piel arde.

23

Una noche peor que otras. Llamó delirantemente a Napoleón y no acudió el emperador. Estaba solo.

La gloria le parecía una enfermedad mental. La Historia, una dama chocha que padecía de arteriosclerosis complicada con sífilis benigna.

Si existes, Historia, debes estar siempre presente, ¿o eres tan mentirosa como los ministros, que tienen que vivir de mi vida y de mi sonrisa? Si vienes te llevaré a pasear por tierras nuevas donde, escapada de los libros de texto, podrás correr desnuda sin miedo a que descubran tus defectos. Vende tus vestiduras académicas y compra marihuana para que puedas soportarte a ti misma.

Mañana saldrás en los periódicos con mi aprobación. Si no me gustas, te haremos la cirugía plástica. Habla, ¿por qué me haces desgraciado escapándote con el Napoleón? Yo puedo darte lo que él te negó al final.

Cuando una pierna, miserable amasijo de carne y sangre, puede hacerle tanto daño a un hombre superior, quiere decir que el mundo está mal hecho y siempre lo estuvo. La materia amenazando la grandeza, unos nervios de mierda que desalojan ideas grandes por sentimientos pequeños de dolor, ay me duele, ¿dónde se ha visto esta traición de la carne? Y la pierna es mía. Y no puedo mandarla fusilar.

—Gangrena.

—Hay que cortar.

—Y nadie garantiza que viva. Es muy posible que continúe la gangrena.

—¿Y quién se lo dice al Hombre?

—Quiñones, que es el favorito de moda.

—De eso nada. Se lo tiene que decir usted. Para eso es médico militar, y general de mesa de operaciones y análisis de orina.

Informado por medrosa junta de siete médicos, presidida por el director de Sanidad Militar y el presidente por sustitución reglamentaria de la Asociación Médico-Patriótica de San Justo de la Victoria, el Supremísimo se niega a que le den éter.

—A mí que me den coñac *Napoleón*. No me duermo en una mesa de operaciones ni por nada. Va y al doctorcito se le resbala el bisturí. Y usted, general Quiñones, en el salón de operaciones con una tercerola. Y me le recuerda al hipócrates el juramento de su profesión: Progreso o Muerte.

...el coracero de primera, Salustio Vivas Cocas se enjugó una furtiva lágrima que resbalaba en su faz broncínea. Era un indio de alma imperturbable con sabor a la historia que fue; llevaba en su cuerpo hercúleo cicatrices de diez gloriosos combates bajo la dirección de nuestro Mayúsculo Líder. «Mi Supremísimo —acertó a decir el noble indígena— yo soy un serrano bruto pero tengo alma, corazón y vida, nada más. Dígale al doctoricito ése de la capital que me corte a mí la pierna y que salve la suya.» Y como el doctor no lo hiciera, hubo que arrebatarle a ese indio macho el machete de

las manos. La tropa, en silencio, asistía conmovida. Los volcanes de los Andes devolvieron, solemne, el grito: Toro, no. Supremísimo, sí.

Leyó satisfecho el final de la colaboración. No es por nada, pero me parece que me salió timbaludo. Puso al pie las iniciales M. de C. S. Llamó a Quiñones. —General, ocúpese de que el último artículo de Cervantes se publique en toda la prensa. Y que los Comités de Defensa pidan unánimes la extradición del marqués y el castigo de los vendepatrias.

Se quedó pensando que bien podría firmar las futuras colaboraciones con el sobrenombre *El Cojo de San Justo,* de gran porvenir literario.

En la capital se organizan llantos públicos bajo la inspiración de los Comités de Defensa y Progreso. Rogativas. Procesiones. Promesas a san Judas, abogado de las causas imposibles.

Lupe *la Prieta,* ceñido al cuerpo el hábito morado de penitente, cadenas de cuero y cilicios, recorre las calles de la capital, azotada, vergajo de toro, por antiguo y valetudinario cliente. Pronto el hábito se industrializa en plan de desarrollo, cien soles, ochenta bolívares, treinta pesos, veinticinco dólares.

—Mi desflorada pierna, mariscal Quiñones, traerá a la Patria días de luto.

—Napoleón, pensar que un hombre grande se vea sujeto a la carne. Tú, tus úlceras. Yo, mi pierna subversiva. Es delito de traición de la Naturaleza contra la Patria.

»Y encima de este dolor, todas las obligaciones de gobernar a un pueblo de cóndores y borregos. Siempre devorándose los unos a los otros. Podría renunciar, me dices, pero ¿renunciaste tú alguna vez, Napoleón? ¡Si hasta en Santa Helena soñabas con volver! No, no puedo rechazar mi cruz, sino seguir cargando con ella, aunque no sea Quiñones el mejor de los Cirineos. Acabo de hacer mariscal a mi Cirineo, demostrando que reúno lo mejor de vosotros dos, corso y galileo.

»Miseria biológica que cuando se tiene fiebre, todo se vea mal, los corajes se nos encogen bajo las sábanas. Anoche soñé con esos farsantes, el Huanca y el Quispe. Predicadores cesantes del paraíso, me esperaban a la puerta del infierno, donde seguramente tienen su casa de huéspedes. A ti no te vi por ahí pero debes de tener el mismo domicilio. Lucifer, si es agradecido, debe de darte un precio especial. Pero a lo que iba, emperador ¿por qué tanta pesadilla por haber fusilado a un par de fanáticos que engañaban al pueblo? Tú, solamente en un día fusilaste, en Acre, a dos mil soldados turcos prisioneros. Claro está que no te hubieras atrevido si hubieran sido soldados europeos. ¿Pero qué me dices de los fusilamientos de la Moncloa? Sí, sabía que *ésa* iba a ser tu respuesta, Napoleón.

El marqués de San Sebastián, según pudo comprobarse, se asiló en Sinaloa, donde poseía una plantación de cocos y fruta bomba. Desde allí remitió a la marquesita un pasaje de primera. Cabina de lujo en el paquebote francés *La Cité de Le Havre*. Te espero junto al murmullo de las olas.

Querido Marqui Dos puntos Imposibilitada trasladarme Sinaloa motivos salud Punto Facultativo me ha puesto a plan Punto No me juegues la cabeza con mujeres soy muy celosa Punto Satisfecha hayas perdonado mis discrepancias políticas Punto Inconsolable

Tu Crocantico de Maní

Al Excelentísimo Señor Mariscal de Campo Rodomiro Quiñones, Benemérito Hijo de la Patria, Gran Cruz de San Justo de la Victoria.

El que suscribe, Lorenzo B. Oreja, secretario del Comité de Defensa y Progreso del barrio Alturas de la Tiñosa, tiene la satisfacción cívica de remitirle los resultados de la emulación patriótica que tuviera lugar la pasada semana en este vecindario para el pronto restablecimiento de la salud terrenal del Supremísimo.

Rosarios públicos (por cabeza): 2.387
Autocríticas: 8.232
Letanías patrióticas: 6.191 discursos-
Discursos cantados: 3.416 hombres
Sacrificios sin postre: 1.838.497
(ofrecidos por lo que queda de año)

El doctor León Buenaventura, el reputado catedrático y conferenciante de Ética, Lógica y Cívica, afamado entusiasta de la marinería nacional e internacional, ofreció, en ramillete de sacrificio, un mes sin ingerir cuerpos sólidos.

El doctor Buenaventura es el autor del sensacional *best seller* de erudición histórica y costumbrista, *El monóculo de Sodoma*.

El metacardio partido cerró temporalmente su nido de gaviotos en el puerto. Recorrió las calles junto al muelle, luciendo, coquetonamente, un recto crespón de luto.

—Lo de la pierna sigue mal. Ya no hay pierna y todavía sigue mal. ¿Qué será de este pueblo cuando yo muera, si es que muero algún día? Lo único malo que tiene la dictadura es que, solamente, es de por vida.

—Tu problema, Supremísimo, es que no tienes pueblo. Léete mis *Memorias*. Allí digo, por experiencia de primera mano, que los españoles son una raza fanática, tan viles y cobardes como los árabes. Eso para no hablar del resto de tu país: indios y prietos.

—Siempre he compartido tu criterio, pero ¿no será un poco respirar por la herida, Napoleón? Unos bárbaros sin camisa y con navaja desnudaron a tus coraceros. ¿Dónde estaban los cobardes?

—Te digo que te leas mis *Cartas,* publicadas por esos mercaderes de los ingleses que hasta muerto me aprovecharon. Verás que cuando mi hermano José comenzó a hacerse el español, le escribí reprochándoselo. Ya teníamos bastante en la familia con que Paulina se hiciera puta.

—¿Y qué me hago yo aquí, emperador inmortal?

—...después de todo mi hermana se tiró más hombres que yo países de Europa... Eh, ¿qué dijiste, *Suprême*?

—Que ¿qué me hago yo entre la tizona y la coca?

—Con estos bueyes tienes que arar, como dice el refrán que repetía José.

—El problema es que los bueyes de aquí no aran. Y cuando hacen algo, es embestir. Éste es el único país en que los bueyes, en vez de jalar del arado, duermen la siesta.

—Coloniza este maravilloso país con franceses y corsos. Mira cómo se malogró México al rechazar a Maximiliano.

—Verás, yo intenté la transfusión de sangre verdaderamente europea, pero los franceses vienen, estafan a los cholos y se retiran a la Riviera, construyendo palacios en Niza con sangre de indio, mulato y blanquito sucio.

—Supremísimo: en tu patria tienes tu Santa Helena.

—Por eso soy más grande que tú, Napoleón.

—Únicamente en el ridículo.

—Ridículo el tuyo, Napoleón, te sentaste en las águilas imperiales, en vez de las bayonetas, y te picaron el traste. Moriste como notario retirado de tercera y no como emperador. Y hasta el enemigo escribió tu epitafio. En tu miserable entierro, probaron que ellos, y no tú, habían ganado. Que si fuiste grande, ya no lo eras. Que tus funerales no eran mejores que los del quiropedista del regimiento británico estacionado en Santa Helena. Te prohibieron hasta el nombre en la tumba, nada de *Napoleón*. Emascularon tu identidad, ya no eras el emperador ni siquiera el guerrero. Hubo que ponerte nombre y apellido, como si hubieras sido un chulo corso enterrado en Marsella, después de una riña a puñaladas por una francesita de dos francos.

—Vanidoso imbécil. ¿No ves que todos morimos igual? Morimos muertos.

—Napoleón, si un hombre grande no tiene el entierro más grande, ¿cómo va a saber el pueblo que era grande?

24

—¿Tú crees que son verdad, los sueños, Quiñones?
—Dice el doctor Huaco que decían los antiguos...
—Déjame a los antiguos con los pensionados y los académicos, ¿qué crees tú?
—Depende de quien los sueñe.
—Se trata de un sueño mío.
—Cualquier cosa que usted sueñe, Supremísimo, es la verdad verdadera. Y si no es verdad, se hace.

—... en cuanto el Grande muere, los pequeños lo traicionan. Mira lo que te pasó con los bárbaros teutónicos. Tantas penas, Napoleón, que por veinte años te tomaste con ellos. Convertiste a Germania en una granja de París que, en vez de vino, bebía cerveza. Muerto tú, ves lo que hicieron: A tu sobrino, Napoleón el Pequeño, las valquirias lo arrestaron en calzoncillos en el campo de batalla. ¡Qué golpe al milenio napoleónico! Yo, Napoleón, hice por tu gente, todo lo que pude. Sabrás que derroté a los prusianos en el Paso de Tucumito. Las cancillerías se negaron, mezquinamente, a reconocer mi victoria.

»Tu política de someter a los germanos, Napoleoncito, dio por resultado los germanos sometiendo a los franceses. No hay derecho. Pero mi política será eterna, Napoleón. Tengo tu experiencia más la técnica moderna. No se ha hecho para mí la limonada democrática. Venceremos, emperador. Ya verás.

—Se bembetea que esta vez el Hombre se nos va.
—Cuando me lo dijeron no podía creerlo.
—Corazón y vida nada más.
—Volverán los oscuros zopilotes...
—...me refiero a las guerras civiles.
—Todos los capitanes aspirando a comandantes...
—...y todos los comandantes aspirando a mariscales.
—Se nos va.
—Asomado al recuerdo...

Morir es soñar dijo el bardo y ¿habrá sueños con poder perpetuo? ¿sueños de poder con perpetua virginidad renovada como las huríes del paraíso de Mahoma? únicamente así tendría sentido el más allá como un más acá eterno entonces morir es gozar sin limitaciones malditas piernas gangrenadas comidas de gusanos antipatria en medio de un equipo de fieles imbéciles aullantes que lloran en voz alta para asegurarse la promoción antes de mi muerte fieles huelepiernas de la historia hijos de piernas gangrenadas morir es soñar fecundando la historia dictadores del mundo uníos sólo tenéis que perder la libertica siempre ligeramente empuercada de vuestro pueblo siempre inconforme los niños nacen para ser carne de cañón y ganar la medallita de buen se va se va se nos va Napoleón Napoleón cuántos coñacs se cometen en tu nombre se llama escritura automática a la condición de escribir sin pensar indispensable en toda obra que agrade a todos todo basurero cósmico depósito gigantesco hermandad universal perpetua mi última voluntad antepenúltima que me
    y pensar que si la Edelmira no se hubiera puesto tan

inestable y yo tan complaciente como hombre metidísimo con la muy no me también a Napoleón las hembras inestables le trajeron sus problemitas por eso Alejandro el Más Grande parece que según se dice las malas lenguas pero eso nunca me ha tirado

en la noche ha surgido una verdad verdadera seréis como dioses dijo la yacumama al ofrecerle a Adán la frutabomba y Adán dio un golpe de estado y se proclamó Salvador inaugurando el Paraíso Terrenal de los tres sabores sangre saliva y mierda indispensable en toda sociedad futurista

—Se nos va, el Hombre delira.
—Nunca es más peligroso que cuando delira.
—Aún tiene tiempo de enterrar a unos cuantos.
—Un pelotón de fusilamiento de guardia cada doce horas.
—Tres minutos no más, necesitan para formar.
—Silencio que Quiñones mueve la oreja.
—Se nos va.
—Asomado al recuerdo...

qué delirante mental el indio Huanca en el paredón de la justicia mira que declamar que la vida siempre terminaba en paredón pero mientras llegaba había que tratar de vivir con la verdad y no con el culo doblado como si el Supremísimo no fuera la verdad verdadera hoy en la Sierra de los Andes mañana en el Mundo indio pendejo tu mamá se alimentaba con coca cuando estaba preñada de agüeros incas y del cura del pueblo naciste profeta tarado esos son los peores creen que sus propias toxinas son las palabras de la zarza ardiente sin las honras fúnebres del paredón ya me hubieran llevado a colgar de un poste del alumbrado como a uno de mis predecesores

que morir con el nombre de Dios no era morir pobrecito indio encocado yo no te fusilo mueres tú de insolación de las neuronas ni vencedores ni vendidos sólo Supremísimo y jodidos varios ya lo dijo el sabio Salomón los hombres van en dos bandos los que van al paredón y los que van a formar la escuadra del paredón

no joderse es el principio de la sabiduría

el general Bango murió de frente al enemigo en carga del tercero de coraceros si bien tal vez la jefatura del estado mayor le quedaba un poco ancha

ay pata de mierda ya ha salido en la Gaceta tu decreto correspondiente si no fueras mía hace tiempo que te hubieras podrido ay dolor

que no quiero ver a la Supremísima Dama que no quiero verla cuando me recobre como el Ave Fénix anularé el himeneo por falta de consentimiento y falta de pierna

aseguran que en unos minutos desfila ante el hombre en estos instantes toda su vida para desfiles los míos en la Plaza de los Virreyes hoy del Progreso Humano que callen los canallas Antipatria a la Patria libré de los Calzones sucios Juan Jota tañe hoy la guitarra borracho y harapiento en jolgorios y guateques oiga usted compañero Juan Jota cántenos el corrido del caimán Juan Jota se echa un traguito de mofuco aclara la garganta y desentona con gran espíritu

Voy a cantarles un corrido muy nombrado
hubo allá un tiempo en la Hacienda del Dolor
un Hombre Macho como pocos han chingado
Supremísimo hoy le llaman con amor

Juan Jota después de ocho años en las mismísimas selvas del Oriente revuelto y brutal se ha rehabilitado y canta las grandezas de la Patria su hermano Juan Ramoncito intelectual hasta la muerte se ganó una beca de estudios sacó el doctorado en filosofía y es hoy bedel en la Universidad de Heidegger

mienten los gusanos de la Antipatria con su habitual desparpajo en torno a mi histórico viaje al Oriente llegué vi y vencí hoy en día el reino de las Amazonas figura dentro de los confines internacionalmente reconocidos de la Patria amé a la exótica Esperanza en noches como ésta la tuve entre mis brazos soy hombre y comunico al mundo que he vivido.

si de algo puedo estar orgulloso es de Huallantay a los niños libré de una existencia de piojo y maíz para que no fueran indios jediondos como sus padres hoy figuran entre los más selectos hijos de la Patria de Quiñones son los ojos y oídos del Supremísimo la oposición romántica e ineficaz dice que son mi cuerpo de jenízaros si es así razón tenían los sultanes de Constantinopla era necesario crear al hombre nuevo

una Patria poblada de hombres nuevos es una Patria feliz sin el lastre de tanto tarado que pasa por compatriota

cuando todos sean hombres nuevos pasarán al museo de la Historia los castigos viejos la dirección de todos será concordia casi esquina a amistad

no, no es efecto de la anestesia, cabrones

mienten los follones de la oposición cuando aseguran que mi Era se ha basado en la multiplicación de los palos sin los peces estimulé el Progreso en un pueblo que hoy se disputa los titulares de la prensa mundial y que antes de Mí no era más que burundanga de hamaca y pelea de gallos

el que se apendejó fue Lord Fry hombre educado al fin en las normas del honor vacío y la Orden de la

Jarretera se le bajó la conciencia a los co y se recluyó en el páramo mira que yo le dije Lord Fry si se lo comió qué vamos a hacer cáguelo y olvídelo y siéntese en el Consejo de Ministros que no será el primero

si Quiñones tuviera un poco más de estilo imaginación crearía un Estado admirable ejemplo del porvenir lástima que esté tan distraído últimamente le falta o le sobra algo siempre le he dicho Quiñones hijo hay que crear el hombre nuevo ¿y quién es el hombre nuevo, mi Supremísimo? el que no necesita policía porque lleva el suyo en los lóbulos cerebrales vota por el Gobierno si el Gobierno se viste de elecciones y está dispuesto a denunciar al prójimo como a sí mismo amén que me pongan el uniforme con condecoraciones no me importa la opinión facultativa un Supremísimo en piyama no es Supremísimo

claro que he crecido en el ejercicio del poder otros se achican

la mayoría de mis ministros a excepción del cholo Quiñones nacieron con la espalda de caucho las nalgas de corcho y las neuronas desalquiladas

son ministros de plástico el alma reconstituida a base de honores y sumisión hombres de parche

si no se dice la verdad ahora para cuándo

el hombre es una criatura tan baja que para entrar en agujero de ratón tiene que subirse a una escalera

libertad con pan si he sido el primero en prometerlo hombre pero a su tiempo si se les da libertad ahora no hay quien haga el pan en las tahonas de madrugada.

hablar hablan mucho de libertad pero no son capaces de decidir por sí mismos ni qué número de la lotería van a jugar soy más necesario en este país que el café con leche que no me voy digo sería egoísta de mi parte

no es milagro sino ciencia aplicada el convertir las piedras en panes hay que aplicar el látigo

La democracia es el engaño de Mefistófeles. A cada candidato lo lleva al monte encumbrado y le ofrece los reinos del mundo. Si, postrado, conquistas los votos. Al bajar del monte se odian los unos a los otros.

Cuando todos los sistemas políticos le prueban mal a un pueblo la dictadura resulta el más económico.

Los hombres me conocen en los desfiles y en los sellos de correos y en las estampitas de primera comunión ideológica pero mi corazón no lo conoce nadie

La imaginación da úlceras presión alta y cárcel porque hace a los hombres inquietos: el censor es el mejor amigo del estómago: la censura más eficiente es la neurocirugía: en el siglo XXI los censores graduados en medicina operarán el cerebro de los escritores más subversivos domesticando así al disidente *best seller*.

cuando obtengamos la unanimidad de pensamiento la dictadura se eliminará a sí misma porque será superflua: vendrá a nosotros el reino del hombrediós última etapa en la evolución del compañero Darwin.

La humanidad y los curas siempre han interpretado incorrectamente la historia de la Torre de Babel. No se trataba de diversidad de lenguas sino de opiniones políticas. En una dictabuena todos los hombres hablan la misma lengua. Al menos en público.

La razón por la que los hombres construyeron la maldita Torre la explica la Biblia muy claramente: «hagamos célebre nuestro nombre».

Por eso Yo los he confundido.

sólo el héroe es Dios pero Dios no es eterno la muerte siempre vota contra el Gobierno ay dolor hacer al Hombre Destino eternidad es redimir a la especie más o menos humana de su cadena de imbéciles y maricones

dictador no he sido nunca más bien dictado dictado por el bien del pueblo

nunca he tenido más que buenas intenciones enemigos personales no conozco no guardo rencor a los fusilados

mi bendición os doy mi paz os dejo, fusilad en memoria mía

Inmortalidad no me falles: Es una orden

Sé que me tienes envidia Napoleón no lo niegues

Ord

la pachanga de la historia ahé la Chambelona de pie los jodidos del mundo somos libres chinguémonos siempre por la razón o la fuerza oíd mortales el grito sagrado hallar sin tregua una solución yo no tengo la culpita ni tampoco la culpona

25

El Ministerio de Relaciones Exteriores
Tiene el honor de invitar al Excelentísimo Señor Embajador de .... y Señora de ....
a las Supremísimas Exequias Fúnebres que tendrán lugar el viernes veinticinco de los corrientes.

La Procesión Solemne partirá de la Plaza Mayor a las nueve y cuarenta y cinco p.m. y concluirá en el Arco de Triunfo donde serán depositados los Heroicos Restos.

El Ministerio de Relaciones Exteriores aprovecha esta oportunidad para transmitir al Excelentísimo Señor Embajador de ...., el testimonio de su más alta y distinguida consideración.

Traje de gala o
Uniforme con condecoraciones
(Las señoras deben llevar velo)

Desfila el pueblo frente al catafalco. Ondean en toda la nación banderas a media asta. Retumba la artillería en el castillo de San Fernando. La Madre Naturaleza —confirmó *El Eco*— ofrece su pésame en truenos y relámpagos.

El Observatorio Nacional confirmó que no se había oído tronada igual desde 1581 (año en que falleciera, al parecer de complicaciones cardiacas, la señora del alcalde mayor y querida del presidente de la Audiencia). El traslado de los restos desde la estación del ferrocarril a Palacio, fue acompañado por sesenta y cinco mil doncellas portando antorchas alimentadas con grasa de llama virgen.

«Seamos dignos de la Historia, en gastar como la Historia se merece —afirmó el ministro de Hacienda al presentar el presupuesto de gastos funerarios— después de todo es lo último que va a llevarse.» El Tribunal Supremo decretó dos semanas de receso en litigios y actividades judiciales para honrar «con la finita llama de nuestras voluntades al héroe con más sentido de justicia que este país ha producido». «La Patria debe este funeral solemne no ya al Supremísimo, sino a sí misma» —declaró el cuerpo voluntario de enfermeras.

De la sección periodística de actualidad *El Eco al Día,* tan comentada:

«El ciudadano Teobaldo Gonzalo de Guzmán Murga, secretario por sustitución reglamentaria del Comité de Defensa y Progreso del barrio de Los Quemados, ha informado al Ministerio del Interior, que preside el pundonoroso militar, mariscal de campo Rodomiro Quiñones, H.P., de un hecho extraordinario que nos limitamos a transmitir a nuestros lectores sin comentarios parciales, pero también sin falsos pudores:

La ciudadana Ramona Gómez de Tejón que desde hacía dieciocho años venía padeciendo de fuertes dolores de cabeza, con punzadas en la región témporo-parietal posterior, que la incapacitaban para las tareas propias de su sexo, hubo de curar completamente después de acos-

tarse siete días y siete noches con un retrato tamaño natural de Nuestro Supremísimo, atado a la espina dorsal con cáñamo de Manila legítimo, particular que estimo mi deber cívico poner en conocimiento de esa superioridad a los efectos procedentes.»

Los días siguientes, el diario *El Eco* se vio colmado de contribuciones de su cuerpo de asiduos lectores, acreditativas de eventos de carácter maravilloso e inexplicable, los que encontraron cabida en una nueva sección cotidiana: *Lo que no aclara la Ciencia,* sección proclamada de lectura obligatoria, por el decreto-ley 989, en todas las oficinas públicas y embajadas de nuestro país en el mundo exterior. De esta columna son los extractos siguientes:

«El ciudadano Domingo Talavera de la Cova, que colocara un vaso de agua fresca con una rosa roja, frente al retrato del Supremísimo que desde hace catorce años preside la cena en su hogar, hubo de curar a los tres días de colitis ulcerada con complicaciones.

»El ciudadano Simón Collocanqui, vecino de la comunidad indígena de Los Palacios, que llevaba desde su más tierna edad una arenga militar del Supremísimo colgada al pecho, por previsión de su abuelita Matilde, hubo de escapar de la feroz acometida de un grupo de salteadores que asesinaron a toda su familia.

»La señorita Marilú López Párraga, tan conocida en los mejores círculos, que había perdido todas las esperanzas con san Antonio, encontró novio con buenas intenciones y empleo en el Estado, a la semana de colocarse entre los pechos una reproducción de la espada del Supremísimo.

»El niño Juanito Mendizábal, de cinco años y tres meses, curó de tos ferina mientras su madre, Pura Tejuca de Mendizábal, le hacía recitar de memoria el último discurso del Supremísimo.

»El compañero en la prensa, Jorge Manso del Portal, curó de una fístula supurante en el recto que había venido atormentándolo por diecisiete años, luego de aplicarse localmente una reproducción natural de la pierna amputada vaciada en yeso, que le facilitó en autocrítica de masas posteriores el ministerio del Interior.

»Temístocles Rodríguez, que hiciera mofa de la *Cadena del Supremísimo* y rompiera con prepotencia el ejemplar que recibiera por correo certificado, acompañando el acto de exclamaciones groseras y un gesto soez con el dedo, resultó agredido esa misma noche por unos desconocidos, los que se dieron a la fuga, después de fracturarle el húmero izquierdo y nueve costillas, sin que hasta el momento hayan tenido éxito los esfuerzos de la policía para identificar a los culpables.

»El ciudadano carente del sentido de la vista, Antonio Díaz, hubo de recuperar ésta mientras cantaba romances con ocasión de la venta de ejemplares de *Los Milagros y Gozos del Supremísimo,* actividad que rendía como trabajador voluntario.

»Se nos comunica por nuestro corresponsal especial, compañero en la prensa Pepe Botella, que en estos momentos se encuentra reunido en sesión extraordinaria el Comité Central de los Comités de Defensa y Progreso para discutir la moción de su secretario general, Teobaldo Gonzalo de Guzmán Murga, por la que interesa el inmediato envío a Roma, o en su defecto al metropolitano de la ortodoxia, en Moscú, de éstos y otros antecedentes, los que, hasta el momento, rehúsan toda explicación a la luz de la ciencia profana.»

En capilla ardiente, por tres semanas, yacieron los

restos mortales, en el lugar que ocuparan las habitaciones privadas de don Francisco Pizarro y la ñusta. A través de cuatro sucesivos ataúdes de cristal y bronce, técnica de cajitas chinas, se ofrecían los épicos despojos a la admiración del pueblo. Un total de dos millones ciento trece mil cuatrocientas dieciséis piernas dolientes desfilaron frente al catafalco, según las estadísticas compiladas por el Ministerio del Interior.

Llegábase a la cámara del duelo por amplio corredor, paredes forradas en terciopelo negro, lentejuelas amarillas, treinta y seis candelabros de plata maciza. Ocho habitaciones de Palacio hubieron de demolerse para facilitar la perspectiva panorámica. Oportunidad en la que se destacó la brillante iniciativa del señor ministro de Obras Públicas, ingeniero don José Joaquín Rodríguez Pita, responsable del decorado artístico.

El catafalco se derramaba en cascada de velveta negra, bordada con aves de rapiña. Los cóndores imperiales. Una araña de cristal bohemio y oro incaico, proyectaba sobre los Supremísimos Restos, la luz de cementerio triste del Don Juan Tenorio.

A los acordes de *Eine kleine trauermusik* de Schubert en la interpretación artística de la orquesta Mambo de Machaguay, se puso en marcha el cortejo fúnebre. A las nueve y cuarenta y cinco en punto de la mañana, según recogen las crónicas. Feliz país donde el funeral épico nos une en la puntualidad más que el trabajo, comentó el ciudadano Sócrates García, quien poco después fuera obligado a beber la cicuta por agentes del Ministerio del Interior.

Abría la marcha el regimiento de coraceros, morrión de plumas negras de avestruz importada. Seguía el ataúd mecanizado, considerado el mayor esfuerzo realizado por la industria nacional desde el ferrocarril trasandino. *El Eco* describió al día siguiente, en su edición extraordinaria de los funerales, el portentoso artefacto: «La parte inferior del carro fúnebre está construida de pura plata del Potosí. Sobre ella, una elevación que simboliza la Sierra de nuestra Patria, y en sus costados, inscritas en letras de oro que refulgen al matutino sol, los nombres de las principales acciones de armas conducidas por el Supremísimo, a la victoria.

Cuelgan a los lados trofeos conquistados al enemigo, superior en armas y número. Las pistolas del general Montalvo. La hamaca de Sangre de Toro. La pipa de opio del Tirano Caído. El sombrero de tres cuernos del marqués de San Sebastián.

El dosel que cubría el ataúd era sostenido por cuatro columnas de acero inoxidable, simbolizando el ejército, la marina, la policía y los comités de Defensa y Progreso. Coronando el impresionante túmulo, la inscripción: Bienaventurados los miembros caídos en combate, porque ellos verán la victoria.

Tiraban de los sagrados restos, dieciocho caballos negros de cola blanca. El atavío de los nobles brutos merece párrafo aparte. Gualdrapas de terciopelo negro, bordadas en lentejuelas de oro, cubrían las grupas hasta el nacimiento de la cola. Las orejeras, velveta británica, llevaban cada una, grabada en rojo, el nombre de una victoria del Supremísimo. En las cabezas, penachos de pluma de avestruz, teñida en negro, especialmente importada de Etiopía para la ocasión.

Detrás del coche funerario, marchaban a pie el Consejo de Ministros, el Estado Mayor de las Fuerzas Armadas, el Tribunal Supremo, el Cuerpo Diplomático acreditado en nuestro país, obispos y canónigos, rector y decanos de la Universidad Nacional, clases vivas y pueblo en general. Atendía al público, el cuerpo voluntario de enfermeras. El coche presidencial, tirado por cuatro caballos, cerrados los negros visillos, arrastraba las ruedas forradas de luto, buque fantasma del holandés, entre el Consejo de Ministros y el Estado Mayor.

Momento de alta tensión fue el paso de la Puerta de la Muralla. Reliquia de la época colonial aún muestra las balas de cañón de los piratas que sólo alcanzaron a rasguñar su superficie. Tiene la Puerta, seis metros y medio de altura. Ocho tiene el coche fúnebre plataforma y catafalco. ¡Que hagan volar la Puerta! ¡Supremísimo: Sí! Puerta: No.

—Un momento —anuncia don Luis de la Reguera, el director de Protocolo, empolvado gilí vestido de *gentleman,* todo menú, ramo de flores y etiqueta, que únicamente orina champán.

Con gesto levemente amariconado de director de ballet, dientes marfil foca, indica el riguroso ritual de procedencia.

—Excelencia...

El ministro de Estado, preservado en colonia y hormonas, se acerca, a pasos de internacionalista pisahuevos y acciona, levemente, la camuflageada palanca disfrazada de lámpara de Aladino. Reverencia y retirada cangrejil del ministro con la boca hacia el catafalco y el prominente posterior hacia el pueblo.

—Mariscal...

El ministro de la Guerra, mariscal Roble del Campo, enmedallado hasta la entrepierna, acciona, imperecptiblemente, la palanca. El trono mortuorio desciende unos milímetros. La procesión de ungidos en la milagrera lámpara de Aladino, continuó, por riguroso orden de protocolo, hasta alcanzar la cifra de sesenta y cuatro notables, según informara la edición funeraria de *El Eco*.[1]

Comentó el ciudadano José Choquebamba, que, al paso del sepelio, desayunoalmorzaba un choclo de maíz frío: —Mirá si somos grandes, nuestros frijoles nos cuestan pero ¡qué funeral más macanudo nos mamamos!

Frescas rosas cubrían el pavimento, virginales pétalos en símbolo de la caducidad de la vida humana. Sic transit Gloria mundi.

A fin de contemplar los sagrados restos con puras, impolutas, castas pupilas de mujer, el Cuerpo de Enfermeras Voluntarias, con el ejecutivo en pleno, había pasado la noche en el Ministerio del Interior en la más rigurosa abstinencia de carne.

Ya está, frente al Arco de Triunfo, el cortejo. Ya se oyen los claros clarines.

Redoble sordo de tambores, forrados los palos en mordaza de luto. Avanzan los anderos. En riguroso orden de importancia política y arrestos ordenables.

El Arco de Triunfo es la última palabra en las realizaciones de la Era del Supremísimo. Aventaja con creces

---

1. La investigación moderna ha impugnado estas cifras. Barter and Mortimer ofrecen la cifra de sesenta y tres, excluyendo de la lista a don Prudencio Rosas, gobernador de Chachavelica. Consúltese: Memo Barter and Timothy Mortimer, *Wedding and Death in Latin America,* M.I.T. Press, Cambridge, 1976, págs. 626-682, donde se brinda un exhaustivo estudio al respecto.

al modelo francés. En la columna derecha, en letras de platino, nombres de batallas gloriosas. San Justo de la Victoria. Barranco de la Tiñosa. Alturas de los Joyones. San Fernando de los Caballeros. Los Huevos del Cóndor. En la columna izquierda, en letras de oro, Próceres de la Patria y generales asociados del extranjero: Roble del Campo. Escipión el Africano. General Bango. Julio y Aníbal. Mariscal Arsenio Méndez. El Gran Capitán. Mariscal Quiñones. Alejandro. Napoleón. El Supremísimo. El punto de Supremísimo lo forma un rubí de aguas puras, del Macuni, agasajo de la diosa blanca.

El responso estuvo a cargo de monseñor Rodríguez Cuco, propuesto en la terna del arzobispado de San Justo de la Victoria. El doctor Epaminondas Delgado, catedrático de lenguas muertas, compuso unos versos de ocasión, que fueron muy celebrados:

No caminará entre el maíz y las flores
¿Qué será de nosotros?
Morirá de tristeza la llama
perderá sus alas el cóndor.

Siete doncellas núbiles, negra túnica flotante, cabellos en hermoso desorden, entonan rítmicamente el canto. El hombro desnudo, piernas entreabiertas, mano derecha hacia la urna, en vestal entrega.

En inmortal batalla sacrificaste
mortal miembro por la Patria
desde las estrellas vela por nos
en gloria inmortal.

Carece de toda veracidad el rumor insidioso propalado por la oposición, de que, agentes de Seguridad hubieran sacrificado tres de las doncellas, con objeto de hacer placentera la estancia en el Walhalla de los heroicos restos.

Tiene la palabra el ministro de Justicia, doctor Herodes de la Senda, autor de las obras *Cartas a una madre moderna* y *Problemas de la adolescencia de un mundo en crisis*.

La candidatura del doctor De la Senda para recitar la elegía oficial, tuvo que vencer la oposición de la facción minoritaria del Consejo de Ministros, que había propuesto al auditor general de las fuerzas armadas, vicealmirante Alcibíades García, autor de *Tácticas navales del Supremísimo en la batalla de Lepanto* —texto requerido en las academias navales de Kiel y Annapolis, según *El Eco*—, de *La batalla naval que se dio en tierra, Los incas inventaron el submarino* y *Flor de ultratumba* (Líricas). La acalorada discusión se resolvió gracias a las habilidades dialécticas del ministro del Interior, mariscal Quiñones. Que consiguiera para el vicealmirante doce años sabáticos, en el buque —asilo de disidentes selectos bajo tratamiento psiquiátrico.

Al ministro de Salubridad, doctor Anselmo Suárez, autor de la candidatura infausta y especialista en vías digestivas, se le ofreció la oportunidad de ingerir, con fines experimentales, litro y medio de miel de purga. Por su parte, el ministro de Agricultura, Pablo del Olmo, que había secundado con prematuro entusiasmo la propuesta de la microfacción, fue trasladado por un término de nueve meses a la recogida de tomates, como trabajador voluntario.

—Amigos, compatriotas, montes andinos, prestadme vuestras orejas —clamó el orador laureado ojeando a los agentes del Ministerio del Interior que, de riguroso luto, chistera parisién, guantes blancos asistían al sepelio.

»Vine a enterrar, no a alabar. A enterrar estos restos sagrados que espolearon indómitos el potro del llamero, que treparon la puna do anida el cóndor para llevar la paz al paíz en bélicas acciones. ¿Habrá un ciudadano que pueda decir que no está agradecido a lo más ínfimo del ser físico del Supremísimo? ¿Habrá quien no respete, como cosa sagrada, la uña de un dedo de sus pies?

Convincentemente agorero, el ministro de Justicia expectoró las oraciones finales, mientras contemplaba el escudo del coche ejecutivo con sinceridad de sofá psiquiátrico:

—Llorar es un insulto a los restos sagrados. Los espartanos —nuestros precursores históricos— rehusaban dolerse por los caídos en combate. Llorad más bien por los que quedan vivos.

Se limpió una furtiva lágrima negra con la corbata luctuosa: —Estos funerales no son fin, sino verdadero comienzo. La doctrina nietzscheana del perpetuo retorno fecundada por nuestras palmas de América.

A continuación alzó las manos en gesto de sacerdotiso, y concluyó:

>Con el Supremísimo siempre.
>Con el Supremísimo ahora.
>Con el Supremísimo siempre.

Al disponer los funerales, había dicho el Supremísimo: —Mariscal Quiñones, ocúpese de que las exequias reflejen la verdad verdadera. De sueños hace el hombre las honras fúnebres. Hay que tener el valor de soñar en grande.

Y comienza la demostración más patética de nuestra historia. Se arrojan contra la tapa transparente, mujeres que se mesan los cabellos. Generales saludan, por primera y última vez el espinazo erguido. Jóvenes golpean sus cabezas contra el Arco de Triunfo. Indios serranos frotan amuletos de barro contra el ataúd. Ministros de gobierno meditan decretos milagrosos. Venerables ancianas aprietan entre sus dedos, figuritas de cera que remedan el patriótico miembro.

Lupe *la Prieta,* morado hábito, estameña, cordón de pana, rosario de cuentas de hueso de ahorcado, bolsita de piel de cerdo para la coca, pierna de plata colgada al cuello, se arroja sobre el cristal de la urna, entonando trenos del puerto con música de las Vírgenes del Sol. Juró la Lupe que había visto a los cinco dedos, moverse para decirle adiós. A través del cristal, la pierna momificada, tajmahalesca, faraónica, disfrutaba de existencia propia, más allá del tiempo y del espacio.

En el coche de los virreyes, tras los visillos de luto, notaba que ya se iba acostumbrando a la pierna de marfil y palo. Contemplaba, Ramsés II en vida, el desfile de cientos de miles de piernas frente a la urna de cristal, que rendían el último homenaje a la extremidad heroica. Muerte, ¿dónde está tu aguijón?

Quiñones había cumplido como Hombre Macho: su sueño de aquella noche triste era ya mitología colectiva de un pueblo: el Popol Vuh de nuestro tiempo. La cosmología de Mama Ocllo. Los funerales de la Sagrada Pierna carecían de paralelo en naciones menos favorecidas de la Fortuna.

Acarició la maravilla ortopédica de colmillo de elefante, que a ratos le parecía mejor que la importada del vientre de su madre.

—No critiquéis, collones: hubiera sido antipatriótico morirme.

Musitó, para satisfacción de la diosa de la Historia, las palabras del Gran Corso que aprendiera frente al espejo dorado: «Las series de grandes acciones nunca son el resultado del azar ni la fortuna; son siempre el producto de la reflexión y el genio. Mirad a Alejandro, César, Aníbal, el Gran Gustavo... ¿Fueron grandes hombres porque tuvieron buena suerte? No, sino porque eran grandes, poseyeron el arte de dar órdenes a la Fortuna. Cuando examinamos minuciosamente la causa de su éxito, nos asombra el comprobar que ellos, y ellos solos, hicieron cada cosa necesaria para obtenerlo...».

Cuatro mil años: la inmortalidad garantizada a las momias de los Faraones. Los sabios locales, menos adelantados, garantizaban tres mil almanaques a la pierna heroica. Tal vez tres mil quinientos considerando las condiciones de su Titular. Maravilla de las generaciones futuras. La Era del Supremísimo. Al fin —sonrió soñador— había conquistado el Oriente. Mañana el arzobispo diría una misa. Para agradecer al Ser Vicesupremo, la colaboración prestada.

—Te fregaste, Napoleón. Te gané los funerales. Después de todo no eras más que un emperador cobardito.

Razón tenía Voltaire. Si Yo no existiera, habría que inventarme.

518